上海市果树全产业链生产技术

草莓

组编
上海市农业农村委员会

主编
方献平　颜伟中

上海科学技术出版社

图书在版编目（CIP）数据

上海市果树全产业链生产技术. 草莓 / 上海市农业农村委员会组编；方献平，颜伟中主编. -- 上海：上海科学技术出版社，2023.7
ISBN 978-7-5478-6246-9

Ⅰ.①上… Ⅱ.①上… ②方… ③颜… Ⅲ.①草莓－种植业－产业发展－研究－上海 Ⅳ.①F326.13

中国国家版本馆CIP数据核字(2023)第119190号

上海市果树全产业链生产技术：草莓

上海市农业农村委员会　组编

方献平　颜伟中　主编

上海世纪出版(集团)有限公司
上海科学技术出版社　出版、发行
(上海市闵行区号景路159弄A座9F-10F)
邮政编码201101　www.sstp.cn
上海盛通时代印刷有限公司印刷
开本　787×1092　1/16　印张9.25
字数　200千字
2023年7月第1版　2023年7月第1次印刷
ISBN 978-7-5478-6246-9/S·263
定价：58.00元

本书如有缺页、错装或坏损等严重质量问题，请向印刷厂联系调换

丛书编委会

主 任
—— 方 芳

副主任
—— 李建颖　朱 敏　彭 友

委 员
—— 孙 海　叶正文　朱建华　丰东升
　　陈 炎　王广鹏　杨储丰　张学英
　　瞿元弟　汪学才　张维谊　范红伟
　　韩玉洁

本书编写人员名单
—— 张丽勍　邓 波　李水根　朱吉明
　　楼甜甜　蒋雪君　姚明军　成 玮
　　周雨璊　杨克邦　连红莉　宋宇迎

丛书总序

2021年中央一号文件指出："要深入推进农业结构调整，推动品种培优、品质提升、品牌打造和标准化生产。要加快健全现代农业全产业链标准体系，推动新型农业经营主体按标生产，培育农业龙头企业标准领跑者。"加快健全现代农业全产业链标准是高标准引领农业高质量发展的一项创新举措，也是农业农村部农业生产"三品一标"提升行动的主要任务。

2022年，上海市农业农村委员会为进一步对标现代农业产业提档升级新要求，强化突显全产业链条概念，联合上海市市场监督管理局印发了《关于进一步加强本市农业农村标准化建设的指导意见》，提出加强农业全产业链标准化建设的重点任务，打破以往标准仅聚焦于农业生产某一环节、某一要素或某一方法、"重产中，轻产前，缺产后"的局面。同时，上海市农业农村委员会组织上海市农业科学院、上海市农业技术推广服务中心、上海市农产品质量安全中心、上海市林业总站等单位的行业技术专家，坚持"缺标补标、低标提标、全程贯标"的原则，聚焦葡萄、桃、梨、柑橘和草莓五大主栽果品，探索形成贯穿"产前、产中、产后"三大环节、"产地环境、建园技术、种质苗木、栽培技术、病虫防治、质量分级、包装贮运"七大维度的全产业链生产技术体系，总结凝练历年研究及应用成果，广泛吸纳上海地区优质果园生产技术，研制了全产业链生产规范地方标准，编制了全产业链生产质量安全管控技术图。为更好地实现由"对标用标"向"看图用标"转变，上海市农业农村委员会组织编著了"上海市果树全产业链生产技术"丛书，助力农业生产和农产品两个"三品一标"协同发展。

"上海市果树全产业链生产技术"丛书是专门为上海地区发展葡萄、桃、梨、柑橘和草莓五大水果产业编写的，包括《上海市果树全产业链生产技术：葡萄》《上海市果树全产业链生产技术：桃》《上海市果树全产业链生产技术：梨》《上海市果树全产业链生产技术：柑橘》和《上海市果树全产业链生产技术：草莓》五本，适合上海地区地势、气候条件和市场需求，具有较为显著的"上海特色"，也符合形势发展需求。丛书各册以产品为模式、全程质量控制为核心，围绕生产主线，从优良品种、建园、树体管理、花果管理、土肥水管理、有害生物及逆境防控、采收及商品化处理、质量安全管理等方面阐述了果树全产业链生产技术，以图文并茂的形式全面、系统地总结了产前、产中、产后各关键生产环节的技术要点，适用于葡萄、桃、梨、柑橘和草莓五大果品的生产管理人员和广大果农阅读参考。该丛书是广大一线科技人员多年的成果汇集，指导性强。

丛书的编者都是从事果树科研与生产的专家，既有深厚的理论功底，也有丰富的实践经验。我相信，该丛书的出版对上海地区果园向高品质、高科技、高效益、绿色化、标准化、品牌化发展具有一定的指导意义，也能助力上海打造现代农业全产业链标准化生产样板，特此作序。

方 芳

上海市农业农村委员会副主任、一级巡视员

前言

草莓（*Fragaria × ananassa*）属于蔷薇科草莓属的多年生草本植物。一个完整的植株由根、茎、叶、花和果实五部分组成。草莓小叶具短柄，倒卵形或菱形，稀几圆形；聚合果大，鲜红色；瘦果尖卵形，光滑。草莓为喜光植物，光照不足时植物生长旺盛而开花甚少；喜潮湿，怕水渍，较耐寒，不耐旱；适宜在富含有机质、通气良好的砂质土壤中生长，在重黏土、盐渍土或含有大量石灰质的土壤中生长不良。

经过数十年的发展，我国已成为世界草莓第一大生产国。如今，南自海南省、北至黑龙江省、东自上海市、西至新疆维吾尔自治区的广阔领域内均有大面积的草莓栽培。国内草莓主产区分布在山东、辽宁、安徽、江苏、湖北、河北、河南、四川等地，这几个省的栽培面积均超过了10万亩*。2018—2022年，上海市草莓年均栽培面积2万余亩，以白鹤镇为代表的青浦区草莓生产面积约6 000亩，浦东新区约4 000亩，奉贤、金山、崇明和嘉定等区都在1 500～2 000亩。上海草莓总体种植面积虽然不大，但作为国际大都市，人口众多、消费能力较强，市场优势尤为突出。作为都市农业的重要组成部分，草莓生产不仅可以满足市民对于优质水果的消费需求，还可以满足人们对生态观光旅游的消费需求。上海草莓生产年总产值约5.0～6.0亿，平均亩产值可达2.0～2.5万元，在本地区果品生产中意义重大。

上海是我国最早开展草莓设施栽培的地区之一，在草莓高质量生产进程中取得了显著的成效。但当前我市在草莓全产业链生产转型升级过程中，存在着不同农户种植技术水平个体差异大和标准化水平低等问题。本书是以"优质、绿色、安全"为目标，针对贯穿上海市草莓从田间到上市销售前所涵盖的各环

---

* 注：1亩≈666.67平方米。

节，如优良品种、种苗繁育、科学建园、植株与花果管理、环境与肥水管理、有害生物及逆境防控、果实采收及商品化处理和质量安全管理等，构成高质量生产技术标准体系。良好的草莓全产业链生产技术规范不仅能促进本市草莓行业健康发展，为农民增收、农业增效做出贡献，同时也能全面提高本市草莓产业技术水平，进一步确保果品绿色安全，增强鲜食草莓产品在市场上的竞争能力，最终实现本市草莓产业绿色、优质、高效和安全的生产目标。

  本书在编写过程中得到了上海市农业主管部门与农业推广部门有关领导和专家的关心指导和大力支持，在此谨表示衷心的感谢。鉴于编著者水平所限，书中疏漏和不妥之处在所难免，敬请读者指正。

编著者

2023年5月

目 录

一、优良品种　001

（一）日系品种 / 002

（二）国产品种 / 004

二、种苗繁育　009

（一）脱毒原原种苗 / 010

（二）脱毒原种苗 / 015

（三）生产用种苗 / 017

（四）质量与出圃 / 029

三、科学建园　031

（一）园地选择与规划 / 032

（二）设施设备 / 037

（三）定植前准备 / 042

（四）定植与栽后管理 / 046

上海市果树全产业链生产技术：草莓

四、植株与花果管理　051

（一）植株管理 / 052

（二）疏花疏果 / 057

（三）放养蜜蜂 / 060

（四）清洁化生产 / 065

五、环境、水分与施肥管理　069

（一）环境管理 / 070

（二）水分管理 / 076

（三）施肥管理 / 078

六、有害生物及逆境防控　085

（一）主要有害生物及绿色防控 / 086

（二）主要灾害逆境及防控方法 / 100

七、采收及商品化处理　109

（一）果实采收 / 110

（二）采后商品化处理 / 114

目录

（三）果品运输 / 118

（四）采后病害控制 / 118

八、质量安全管理 121

（一）管理制度 / 122

（二）风险管控关键点 / 122

（三）品质提升关键点 / 124

（四）农产品认证 / 125

展望 127

附录 128

1. 绿色食品申报流程 / 128

2. 草莓常见病虫害周年绿色防控历 / 129

3. 草莓生产中批准登记农药名录 / 131

4. 草莓生产中禁限用农药名录 / 132

主要参考文献 133

上海市果树全产业链生产技术：草莓

上海市果树全产业链生产技术

草莓

一

优良品种

（一）日系品种

1. 红颜

日本静冈县农业试验场以章姬为母本、幸香为父本杂交选育而成（图1-1）。植株生长势强，株型直立高大。叶片大，深绿色。匍匐茎抽生能力较强，繁殖系数较高。休眠较浅，花芽分化能力中等，花枝粗壮、花穗大，遇不良天气或授粉不足易产生畸形果。果实红色，呈圆锥形，外形大而美观，酸甜适口，硬度中等，较耐贮运。上海地区一般在9月份定植，12月上中旬陆续上市，平均可溶性固形物含量11.5%左右，一级序果平均单果重30克以上，每亩栽苗6 000～7 000株，亩产量1 500～2 000千克。植株易感炭疽病、白粉病和灰霉病等。

图1-1　红颜

2. 章姬

日本静冈县萩原章弘以久能早生为母本、女峰为父本杂交选育而成（图1-2）。植株生长势强，株型直立开张。叶片椭圆，深绿色，心叶窄小。匍匐茎抽生能力强，繁殖系数高。休眠浅，花芽分化能力强，畸形果少，连续结果性好。果实红色，呈长圆锥形，外观大且美观，甜糯风味佳，但易软化，果皮薄，不适合储藏和长距离运输。上海地区一般在9月份定植，

图1-2　章姬

一、优良品种

12月上旬陆续上市,可溶性固形物含量9%～14%,一级序果平均单果重可达25克以上,亩栽6 500～7 000株,亩产量1 500～2 000千克。植株较抗灰霉病和黄萎病,对蚜虫、炭疽病和白粉病抗性较弱。

3. 香野

日本三重县通过包括章姬和女峰在内的多个草莓品种的杂交选育而成(图1-3)。植株高大,长势强旺,株型直立,远高于章姬。叶片椭圆,浅绿。匍匐茎抽生能力较弱,繁殖系数较低。休眠浅,花芽分化容易,花量大,连续结果能力强。果皮红色,果肉橙红色,圆锥形或长圆锥形,肉质脆嫩,香味浓郁,口感佳,果实硬度大,耐储运。上海地区花芽分化始于9月初,果实于11月便可成熟,可溶性固形物含量12%～14%,平均单果重25克,最大果重超过100克,大果有空心现象,亩栽6 000～7 000株,亩产量1 700～2 200千克。植株对炭疽病和白粉病的抗性明显强于红颜。

图1-3　香野

4. 雪兔

日本佐贺县培育而成(图1-4)。植株直立,长势中庸。叶片呈椭圆或圆形,绿色。匍匐茎抽生能力强,繁殖系数较高。休眠中等,花芽分化能力较强,连续结果性强,花瓣白色。果实呈圆锥状,成熟果实呈白色,有光泽,强光、高温下果面呈淡粉色,果肉香甜多汁,酸味较淡,品质优。上海地区9月中旬定植,12月中下旬

图1-4　雪兔

陆续上市，可溶性固形物含量10%～12%，一级序果平均单果重18克左右。亩栽苗6 000～7 000株，亩产量1 000～1 300千克。植株较抗炭疽病、灰霉病和白粉病等病害。

（二）国产品种

1. 久香

上海市农业科学院林木果树研究所以久能早生为母本，丰香为父本杂交选育而成（图1-5）。植株生长势强，株形紧凑。叶片椭圆，浅绿。匍匐茎4月中旬开始抽生，抽生量多，根系较发达。休眠期较短，花量大。果实圆锥形，果大美观，果面橙红富有光泽，着色一致，表面平整；果肉红色，果肉细、质地脆硬；酸甜适度，香味浓。上海地区9月定植，12月中旬陆续上市，可溶性固形物含量9.5%～12%，一级、二级序果平均单果重21.6克，亩栽6 000～7 000株，亩产量1 600～2 100千克。在南方地区尤其长江流域栽培，繁苗期需要适当控水，定植前需注意茶黄蓟马的防治。植株对白粉病和灰霉病的抗性均强于章姬。

图1-5　久香

2. 越心

浙江省农业科学院园艺研究所以3-6-2（卡麦罗莎×章姬）为母本、幸香为父本杂交选育而成（图1-6）。植株生长势强，株型直立，株高约22厘米，耐低温弱光。叶片大、浅绿色。匍匐茎抽生能力强，休眠浅，花芽分化早，连续结果能力强，丰产性好。果实中等大小，果形呈短圆锥形或球形，果面平整、浅红、着色均匀，种子微凹于果面；果肉白色，风味佳、甜酸适口，香味诱人。上海地区可在8月底至9月初定植，移栽后植株抽生2个或3个侧枝，11月下旬见果，可溶性固形物8.6%～15.2%，一级序果平均果重33克，最大果重61克，亩栽6 000～7 000株，亩产量1 500～2 100千克。植株较抗草莓炭疽病、灰霉病、白粉病和蚜虫，易感叶螨。

图1-6　越心

3. 越秀

浙江省农业科学院园艺研究所采用多个育种中间材料杂交选育而成（图1-7）。株型直立，长势中强。叶柄长18～20厘米，叶片卵圆形、绿色。根量多，须根发达。花芽分化一般晚于红颜。果实圆锥形，整齐美观，果面红色富有光泽，种子平于或凸于果面，果肉红色，髓心小、紧实；肉质较细腻，香味宜人，甜酸适宜，味道醇厚，风味佳。上海地区9月中旬

图1-7　越秀

定植，12月中下旬陆续上市，可溶性固形物含量平均9.3%～13.6%，一级序果平均重约45克，株距放大至25～27厘米，顶果会达到80克。亩栽6 000～7 000株，亩产量1 400～2 000千克。植株较抗炭疽病、白粉病和灰霉病。

4. 红玉

杭州市农业科学研究院生物技术研究所用红颜为母本、2008-2-20（甜查理×红颜）为父本杂交选育而成（图1-8）。植株直立高大，生长势强。叶片长圆形，黄绿色。育苗期容易管理，匍匐茎抽生能力强。休眠浅、连续开花结果性能好、耐低

温且上市较早。果实呈长圆锥形、畸形果少、品质优良、硬度较高，低温寡照下坐果好，畸形果少且丰产。果肉红色，酸甜可口，硬度中等，较耐贮运。上海地区9月中旬定植，12月上旬陆续上市，可溶性固形物含量平均11%～14%，一级序果平均重约35克，亩栽6 000～6 500株，亩产量1 500～2 000千克。苗期中抗炭疽病，开花结果期不易感染灰霉病，中抗白粉病。

图1-8　红玉

5. 粉玉

杭州市农业科学研究院生物技术研究所用包括香野在内的多个育种材料杂交培育而成（图1-9）。植株直立，生长势中庸。叶片圆形，黄绿色。花序斜生，花瓣扁圆形重叠。匍匐茎粗壮且抽生能力强，繁殖系数高。休眠浅，植株连续开花能力好，不断果。果实圆锥形，果面粉红色，果肉白色，髓心空洞小或无；肉质细腻，香甜可口。上海地区9月上旬定植，11月中下旬陆续上市，可溶性固形物含量11%～14%，一级序果平均重约25克，亩栽6 000～6 500株，亩产量1 700～2 200千克。植株中抗炭疽病、白粉病和灰霉病，易感红蜘蛛。

图1-9　粉玉

一、优良品种

6. 宁玉

江苏省农业科学院果树研究所用幸香作母本、章姬作父本杂交育成（图1-10）。植株生长势强，叶片中等绿色。匍匐茎抽生能力好。休眠浅，花芽分化能力极强，成花容易。果实圆锥形，一级、二级序果平均单果重24.5克，最大单果重52克以上；果实红色，果面平整；果皮较厚，果肉橙红色，髓心橙色，肉质细腻，硬度好，香气浓，风味较甜。上海地区8月底或9月上旬定植，11月中下旬陆续上市，果实含可溶性固形物10.7%～12%，一级序果平均重约28克，亩栽6 000～7 000株，亩产量1 600～2 300千克。植株中抗炭疽病、白粉病和灰霉病。

图1-10　宁玉

7. 白雪公主

北京市农林科学院林业果树研究所培育而成（图1-11）。植株长势偏弱，叶片椭圆形，匍匐茎繁殖能力强。休眠中等，花量整齐。果实较大，果面粉红色，果肉白色；果实圆锥形或楔形，果面白色有光泽，种子红色；果肉白色，果肉细腻香甜。上海地区9月中旬定植，12月下旬陆续上市，可溶性固形物含量9%～11%，平均单果重13克左右，最大单果重可达50克左右。亩栽6 000～7 000株，亩产量1 000～1 500千克。植株对白粉病和灰霉病抗性较强。

图1-11　白雪公主

上海市果树全产业链生产技术：草莓

上海市果树全产业链生产技术

草莓

二

种苗繁育

（一）脱毒原原种苗

根据草莓脱毒苗三级育苗体系，通过茎尖培养获得的经检测后确认不携带草莓镶脉病毒、草莓轻型黄边病毒、草莓斑驳病毒和草莓皱缩病毒，且不经过组培增殖的植株称为脱毒原原种苗。

组织培养繁殖是对草莓的茎尖或叶片组织进行离体培养获得再生植株的繁殖方式，不受季节和环境的限制、繁殖速度快，适合工厂化规模繁殖。但是通过组织培养获得的试管苗，不能直接应用于草莓生产用种苗。组织培养主要与脱毒技术相结合，应用于草莓脱毒种苗的繁殖。生产上广泛使用的脱毒方法为草莓茎尖培养脱毒技术，即将茎尖培养与热处理、化学试剂处理、超低温处理等脱毒技术相结合，可以提高脱毒的效率和降低操作难度。

1. 茎尖脱毒

植物茎尖分生组织区域的细胞由于生长旺盛、分裂速度快，在1毫米的范围内不受病毒侵染。利用这一原理，对茎尖无病毒组织进行离体培养获得的再生植株即为脱毒苗。此外，植株通过茎尖培养不仅能脱除病毒，还可以脱除真菌、细菌以及其他病虫害，达到品种提纯复壮的目的。草莓茎尖脱毒技术包括茎尖剥离、分化成苗、植株生根和移栽驯化、病毒检测等步骤，具体如下。

（1）外植体采集和处理

选取发生初期、生长健壮的草莓匍匐茎（图2-1），用70%乙醇消毒后的剪刀，将匍匐茎顶端1～2厘米的部分剪下，置于自来水龙头下流水冲洗，然后装入干净的瓶子中备用。

（2）外植体表面消毒

在超净工作台中操作，用镊子将茎顶端的外层包衣去除，置于70%的酒精中浸泡30～60秒；然后置于消毒液中浸泡5～10分钟，并不断摇晃震荡瓶子使消毒液与外植体充分接触，消毒液可以选择2%次氯酸钠，或0.5%新洁尔灭，或0.1%升汞等；最后使用无菌水冲洗3～5遍，每次至少5分钟。

二、种苗繁育

图2-1 采集的外植体匍匐茎

（3）茎尖剥取

将消毒好的茎顶端置于无菌滤纸上，吸干多余的水分；然后置于解剖镜下，用尖头镊子将茎尖周围的小叶和叶原基逐层剥除，直到露出只剩一个叶原基的生长点；用无菌解剖刀小心切下茎尖0.2～0.5毫米的部分，接种到分化培养基上，并立即置于黑暗环境中，避免外植体褐化（图2-2）。理论上，切取的茎尖部分越小，获得脱毒苗的概率越高，但是茎尖太小成活率大大降低，且操作难度增加。

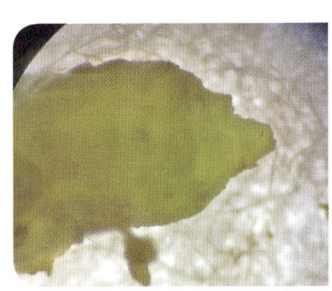  

图2-2 茎尖的脱毒与接种

（4）茎尖分化培养

分化培养基一般以MS为基本培养基，添加0.2～0.5毫克/升的6-苄氨基腺嘌呤，0.1～0.2毫克/升的赤霉素，30克/升的蔗糖和6.5克/升的琼脂粉。为了减缓茎尖的褐化程度，提高成苗率，可在培养基中添加0.5～1.0毫克/升的维生素C，或者添加0.2～0.5克/升的活性炭。培养容器可以采用培养皿或组培瓶。培养环境最好先在黑暗条件下放置1周，然后转移到光强2 000勒克斯，光周期16小时光照/8小时黑暗条件下继续培养，培养室的温度控制在23～25℃。培养2个月左右，茎尖萌发形成小芽。将小芽转接到新的分化培养基上继续培养1～2个月，形成丛生芽（图2-3）。

图2-3 茎尖的分化与增殖

（5）植株生根

草莓组培苗的生根可以采用瓶内生根和瓶外生根两种途径。在瓶内诱导草莓生根很容易，生根率在90%以上。草莓的瓶内生根一般采用1/2 MS为基本培养基，同时添加一定浓度的吲哚丁酸或萘乙酸，不添加任何生长素也能诱导生根。生产上一般采用1/2 MS＋0.2毫克/升吲哚丁酸＋20克/升蔗糖＋6.5克/升琼脂，同时添加0.2克/升的活性炭可促进生根。将生长到2厘米左右的新芽切下，接种于生根培养基上，1个月左右即可诱导植株生根（图2-4）。

（6）移栽驯化

组培苗的生根质量直接影响移栽驯化的成活率。移栽基质一般采用一定比例混合的草炭土、珍珠岩和蛭石。具体驯化步骤如下：待植株生根后，将培养瓶转移到室温环境下放置2天，然后打开瓶盖再放置1天。将生根良好的植株从瓶内取出，用

图 2-4 不同培养条件下草莓植株根系的诱导和发育情况

a、b、c、d 为营养土块培养的植株；e 为琼脂培养基上培养的植株；a、b、c、d、e 的营养液分别为 MS、花宝 1 号、山崎配方、MS：花宝 1 号：山崎配方 =1：1：1、MS+0.2 毫克/升吲哚丁酸

自来水将根部的培养基冲洗干净，然后移栽到草炭：珍珠岩 =3：1 的基质上。移栽基质最好事先进行消毒处理，将病菌和虫卵消杀干净。所有移栽植株均置于塑料膜覆盖的拱棚中，并在最外面盖上 40 目的防虫网，每天喷水 2 次，1 周后掀开薄膜，除正常喷水外，每隔 2 天浇 1 次水溶性复合肥。1 个月左右即可完成驯化，植株长出新芽代表驯化成活（图 2-5）。

图 2-5 草莓组培苗的驯化

2. 病毒检测

通过不同的脱毒技术获得的植株不一定就是脱毒苗，往往存在脱毒不完全的情况，因此有必要对植株进行病毒检测。病毒检测的目的是评估植株脱毒效率，并鉴定出脱毒彻底的草莓植株，确保安全生产。目前草莓病毒检测的方法有4种，具体如下。

（1）生物学检测法

又称指示植物检测法。该方法是指将被检测植物的器官或组织接种到指示植物，通过比较指示植物的表型性状变化，对病毒进行鉴定。指示植物需要对病毒敏感，如森林草莓（UC4、UC5、UC6、EMC、AIP）和弗州草莓（UC10、UC11、UC12）即是理想的指示植物。接种技术可以采用小叶接种法或匍匐茎接种法，这两种方法操作简便，无须特定仪器，可以直接观察到结果，但是检测耗时较长、受环境影响大、假阳性率高、结果不稳定。

（2）电镜检测法

该方法是指对检测植物组织进行超薄切片或冷冻切片，通过电子显微镜观察病毒粒子的结构形态和寄主组织的病变情况，可以直观准确地鉴定病毒的种类。该方法需要昂贵的仪器设备，操作过程复杂，不能广泛应用，只能作为辅助检测方法。

（3）血清学检测法

该方法是指利用抗原与抗体的特异反应，对被检测植物的病毒携带情况进行诊断鉴定。不同的病毒种类可刺激动物产生特异的抗血清，利用已知病毒的抗血清制备酶标记抗体，对病毒的存在与否进行检测。该检测方法快速灵敏、操作简便，是一种较为理想的病毒检测方法，但是每种病毒都需要制备特异性抗体，而且酶标记的过程烦琐，因此可鉴定草莓病毒的种类较少。采用病毒外壳蛋白进行原核表达的方法，可以获得大量特异性抗原，在草莓病毒的血清学鉴定中得到发展和应用。

（4）分子生物学检测法

该方法采用分子生物学技术手段，检测病毒的核酸序列，可以高效地鉴定出植物病毒的是否存在。该检测方法较血清检测法更加快速灵敏、特异性强、可以大批量检测，且不受环境和病毒种类的影响，是目前草莓病毒检测的主要方法，应用最为广泛。根据不同的分子技术手段分为反转录聚合酶链式反应（RT-PCR）检测法、分子杂交检测法、dsRNA检测法、NASBA检测法和基因芯片技术等；其中RT-PCR检测法操作简单、重复性好、可以对所用病毒进行检测，在草莓病毒检测中的应用最为成熟、最易推广。应用于RT-PCR检测法的引物序列具体见表2-1。

表2-1　四种草莓病毒检测的RT-PCR引物

病毒名称	英文名称及缩写	引物序列	产物大小（bp）
草莓轻黄边病毒	Strawberry mild yellow edge-associated virus (SMYEV)	正向：GTGTGCTCAATCCAGCCAG 反向：CATGGCACTCATTGGAGCTGGG	271
草莓镶脉病毒	Strawberry vein banding virus (SVBV)	正向：GAATGGGACAATGAAATGAG 反向：AACCTGTTTCTAGCTTCTTG	278
草莓斑驳病毒	Strawberry mottle virus (SMoV)	正向：TAAGCGACCACGACTGTGACAAAG 反向：TCTTGGGCTTGGATCGTCACCTG	219
草莓皱缩病毒	Strawberry crinkle virus (SCrV)	正向：CATTGGTGGCAGACCCATCA 反向：TTCAGGACCTATTTGATGACA	345

（二）脱毒原种苗

1. 概念与繁育原理

脱毒原种苗是指脱毒原原种苗在网室隔离条件下，定植于无草莓病虫源的苗圃内，由匍匐茎繁育而成的植株。

脱毒原种苗需要利用匍匐茎进行繁殖，即利用草莓的匍匐茎可以长成自根苗的特性，将子苗从母株分离获得新植株的方法（图2-6）。在长日照和高温条件下，草莓进入快速的营养生长阶段，此时腋芽萌发形成匍匐茎，在匍匐茎的偶数节上可以长成自根苗，并通过匍匐茎获取水分和营养，在适当时期切断匍匐茎可获得完整的独立植株。匍匐茎繁殖具有繁殖系数高、种苗质量好等优点，每个母株能够产生大约100株子苗。

图2-6 草莓的匍匐茎繁殖法

2. 繁育设施与方法

设施采用网室繁育,网室建造一般用钢架结构,上面覆盖60目的尼龙防虫网并固定,网室可单栋或连栋。育苗基质可以采用草炭、椰糠、蛭石和珍珠岩按比例2∶2∶1∶1进行配制,具有良好的持水性、排水性及透气性,pH 6.0~6.5,EC值＜0.5毫西门子/厘米。基质需要事先进行彻底的消毒。

母株选择种性纯正、健壮和无病虫害的脱毒草莓原原种苗,定植于深20厘米左右的栽植容器中,做到深不埋心,浅不露根。植株定植后浇足定根水,之后保持植株周围基质湿润。母株成活后一般每7~10天采用平衡型配方水溶肥追肥1次,每次0.2~0.4克/株。根据现场条件进行保温降温、加湿排湿和通风等操作,大棚内保持适宜温度为15~30℃,空气相对湿度为50%~70%。待母株长出匍匐茎后(图2-7),将

图2-7 母株长出匍匐茎与扦插后的小苗

匍匐茎上的小苗扦插于无菌容器中，待扦插苗长出根系后，就可以将之与母株分离。匍匐茎小苗扦插容器的摆放高度应高于母株，这样就能避免病菌通过水流进行传播。

（三）生产用种苗

1. 概念与分类

生产用种苗是指脱毒原种苗在自然隔离或设施条件下，定植于无草莓病虫源的苗圃内，由匍匐茎繁育的植株。原种苗在每年的9月下旬开始停止营养生长，冬季时开花结果，等到第二年的春天，可以作为生产用种苗的母株。3月上中旬，选择生长健壮、无病虫害的原种苗进行定植。生产用种苗的苗圃地应该选择远离果实生产用苗圃，且未种过草莓、烟草、马铃薯、茄子或番茄等的地块。生产用种苗的繁育模式有露地育苗和基质育苗两种（图2-8）。

图2-8 露地育苗与基质育苗

露地育苗具有成本低、易于推广等优点，但是露地育苗容易感染炭疽菌（图2-9），造成毁灭性死苗，带病植株概率增加，移栽后成活率低；而且露地育苗机械化程度低、用工量大、农资成本高，病害风险大，亟须完善现有技术提高病害防治水平和降低生产成本。由露地育苗模式繁育的草莓种苗称为裸根苗，根部没有任何基质，生产成本低，方便运输，且价格低廉利于商业推广，但是裸根苗的根系在运输和移栽过程中容易受到物理伤害及感染病菌，移栽后成活率普遍较低（图2-10）。

图2-9 露地育苗过程中易感染的病害发生部位

图2-10 感病的裸根苗在定植后发生较大规模死亡

基质育苗模式以悬挂、高架和贴地等育苗方式进行子苗扦插或引插育苗。基质育苗培养的种苗质量好、成活率高,与露地育苗相比,农药和生产用工成本大幅降低,然而基质育苗模式的一次性投入成本较高,穴盘、基质、高架设施和运输的费用明显升高(图2-11)。由基质育苗模式繁育的草莓种苗成为基质苗或穴盘苗,植株的根部携带基质,可以很好地保护根系,生长旺盛、移栽成活率高、可以提早开花结果,提高产量,但是生产和运输成本高,在生产上正在逐步推广,大多用于草莓的高架或无土栽培。

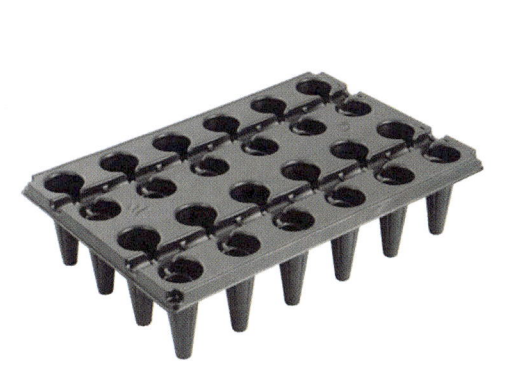

图2-11 基质育苗中需要的各项设施装备

2. 露地育苗方法

(1)繁育地块

育苗基地应远离草莓种植区,宜选择未种植过草莓或茄科作物(避免引起共生病害),且光照充足、地势平坦、土质疏松、有机质含量丰富和排灌方便的地块(图2-12)。土地前茬未过量使用对草莓有害的除草剂。

(2)土壤准备

为使母株健壮生长和诱导匍匐茎的大量发生,可以直接将母株定植于土壤表面。

图2-12 育苗环境与平坦地块

在排水良好的地块无须开沟起垄,适合于北方地区的育苗。在南方雨水偏多的区域,要求田块平整、耙匀做成龟背形高畦,畦面净宽1.3~1.8米、畦高30厘米(浇水后畦面会降低)、沟宽30厘米,有利于梅雨季节排水,保证沟渠畅通(图2-13)。畦的中间铺设1条微喷喷带,两侧可各铺设1~2条微喷喷带,于定植前一周进行喷灌,使畦面湿度能均匀,待土壤处于干湿适当、较疏松状态进行草莓苗定植,以利植株根系伸展。

图2-13 育苗田块的土壤作畦准备

栽植的前一年冬天，对土壤进行深翻、施肥和消毒，通常每亩施4 000～5 000千克腐熟农家肥或者200千克商品有机肥、30千克的三元复合肥（图2-14）和30千克的过磷酸钙，同时施用5%毒死蜱颗粒剂或3%辛硫磷颗粒剂1.5～3千克，预防地下害虫和土传病害。翻地前，将肥料和农药均匀地撒于土壤表面，然后进行机耕使之充分混合均匀。

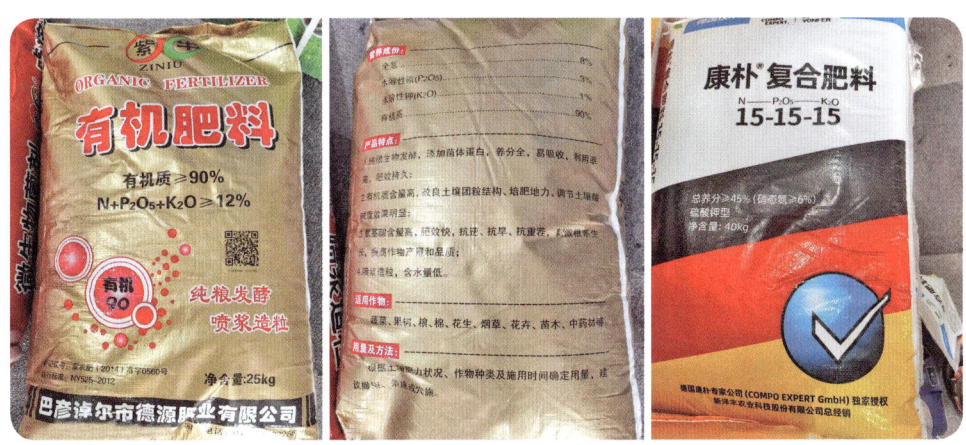

图2-14　育苗地常用底肥

（3）定植时间和方法

宜在3月上中旬定植母株。将母株定植在畦两侧，株距50～60厘米，每亩定植1 200～1 500株；母株也可以进行单行种植，每亩定植600～800株（图2-15）。植株

图2-15　种苗母株定植方法

弓背朝内,做到深不埋心,浅不露根。及时摘除母株上的老叶病叶和花蕾,减少养分消耗(图2-16)。对苗圃里的杂草进行控制,可以采用人工拔除或旋耕机进行除草作业。

及时除去繁苗母株上的花序

除去繁苗母株上的老叶和病叶

图2-16 种苗母株的去花去叶操作图

(4)肥水管理

植株定植后应立即浇足定根水,之后定时浇水保持植株周围土壤湿润。母株成活后一般每15～20天撒施三元复合肥1次,每次0.2～0.4克/株。匍匐茎发生期每亩追施三元复合肥10千克一次。匍匐茎发生后期应停止氮肥的施用，同时多次叶面喷施0.3%尿素或0.3%磷酸二氢钾溶液，7月后停止施肥。

（5）子苗管理

当植株匍匐茎发生后，在子苗具2片展开叶时进行压茎，用叉子轻轻将匍匐茎节段压牢即可，切误伤到子苗的茎节造成伤口感染（图2-17）。及时去除子苗上的花序，适时摘除老叶促进通风。在匍匐茎发生的各个阶段，应及时进行引茎压蔓促进子苗生根，将重叠交叉的匍匐茎及时分开，使之在母株四周均匀摆布利于通风（图2-18）。

长江中下游区域起苗时间一般在8月下旬或者9月上中旬，起苗前2~3天适量浇水，使土壤保持湿润状态。起苗前1天根据病虫情况预防性喷药1次，预防炭疽病发生，起苗深度20厘米左右为宜，根系带湿土坨，尽量多带根系，减少伤根（图2-19）。当大部分子苗达到种苗质量标准要求时，可根据需要进行起苗出圃，一般建议挖苗与拣苗分工合作。起苗后，如果不能及时定植，要用泥浆浸根，保持根系湿润，防止吹干。

图2-17　子苗的叉子固定示意图

图2-18　子苗引茎压蔓的各个阶段

二、种苗繁育

图2-19 起苗时的根系状态

3. 基质育苗方法

（1）繁育设施

宜采用单栋或连栋塑料大棚，主体钢结构件采用碳素结构钢。塑料大棚应具有良好的透光和通风条件、排水良好，棚顶覆盖可调节遮阳网，大棚周围无杂草，四周安装40～60目的防虫网。

（2）基质准备

基质宜采用草炭、椰糠、蛭石和珍珠岩按比例2∶2∶1∶1进行配制，具有良好的持水性和排水性及透气性，pH 6.0～6.5，EC值＜0.5毫西门子/厘米。

（3）育苗模式

基质育苗可以采用贴地和苗床等模式进行种苗繁育（图2-20）。贴地基质育苗是指将母株栽植容器或穴盘直接摆放在地面，地面可铺设黑色园艺地布。苗床基质育苗则是将栽植容器或穴盘放在苗床上，由于苗床离地面有一定的高度，可以减少土传病害的传播。在生产中根据设施条件选择合适的栽培模式。

（4）定植时间和方法

在春季日均温度达到10℃以上时进行母株的定植，长江流域宜在3月上中旬定

图2-20 不同基质育苗模式

植母株。将种性纯正、健壮、无病虫害的脱毒草莓原种苗定植于长约60厘米、宽20厘米和高15厘米规格的隔离栽植容器中,在栽植容器两侧各铺设2排24孔穴盘,规格大致为长51厘米、宽34.5厘米、高13厘米,带有两排滴灌槽;按三角形单行种植方式在每个栽植容器中定植母苗3～4株,每亩定植1 200～1 500株,植株弓背朝外。栽植容器和穴盘摆放在育苗床或平整的地面上,地面应硬化或铺设黑色园艺地布。及时摘除母株上的老叶病叶和花蕾,减少病虫害和养分消耗(图2-21)。

图2-21 母株的不同定植方法

（5）水肥管理

植株定植后浇足定根水,之后每天浇水1次,保持基质湿润。母株成活后一般每7～10天采用平衡型配方水溶肥追肥1次,每次0.2～0.4克/株。匍匐茎发生后期应控制氮肥用量,增施磷钾肥,7月后停止施肥。

（6）温湿度管理

大棚内适宜温度15～30℃,空气相对湿度50%～70%。根据现场条件进行保温降温、加湿排湿和通风。

（7）子苗管理

当植株匍匐茎发生后,将匍匐茎在母株四周均匀摆布定植于24孔塑料穴盘中,采用压蔓器将子苗引导定植于穴盘基质上,也可以将子苗剪下进行扦插,促进子苗生根,及时去除花序,适时摘除老叶促进通风（图2-22）。子苗不用施肥,采用滴灌浇水,保持基质湿润。

图2-22　子苗的剪摘与扦插

（四）质量与出圃

1. 种苗质量

选择品种纯正、叶片健壮、根系发达以及无明显病虫害和机械损伤的优质种苗，具体种苗质量应达到表2-2要求。

表2-2　草莓脱毒种苗质量要求

种苗类别	纯度	无毒率	病株率	单株要求
原原种苗	100%	100%	0	具有3片及以上功能叶，芯茎直径≥0.8厘米，初生根数量≥8条，初生根长≥8厘米。
原种苗	≥99%	100%	根茎部病害≤2%	
生产用种苗	≥99%	≥96%	根茎部病害≤5%	

2. 种苗出圃

当大部分子苗达到种苗质量标准要求时，可根据需要进行起苗出圃。成龄种苗根系分布均匀舒展，叶片正常，新叶饱满，无机械损伤，无病虫害，即可出圃移栽。起苗前2天适量浇1次水，使土壤保持湿润状态，使得起苗容易，根系损害少。露地育苗起苗深度15～20厘米，根系带湿土坨，尽量多带根系，减少伤根。最好起苗后立即就近移栽定植，如果不能及时定植，要用泥浆浸蘸根部，保持根系湿润，防止风干。基质育苗起苗前2天不用浇水，使基质控干不易松散，起苗时直接将子苗从穴盘中携带基质一起拔出；起苗后立即根据质量要求进行整理和分级（图2-23）。种苗在贮存期间不可发热、失水、受冻和霉变。出圃种苗应随有种苗生产许可证、种苗标签和种苗质量检验证书，每包装单位应附有品种、等级、数量和出圃日期标签。未达到质量和检疫不合格的种苗不得出圃。远途运苗时，在运输前应在冷库中0～2℃条件下预冷24小时，再用纸箱、尼龙编织袋等材料进行包装；在外界温度≥28℃时，宜在包内填充降温材料。

图2-23 起苗与分级出圃

上 海 市 果 树 全 产 业 链 生 产 技 术

草莓

三

科学建园

(一)园地选择与规划

园地应选择在交通便利的近郊区域,并充分考虑生态环境、地下水位、空气质量、灌溉水质、土壤质量等多方面的绿色生产要求。产地环境质量是决定高品质草莓生产的首要因素,没有好的空气、水和土壤,就缺少了生产高品质草莓的先天条件。

1. 生态环境

草莓园区地址应生态环境良好,远离污染源(如工矿企业、交通主道、医院、饲养场、垃圾和废弃物堆放场等)(图3-1)。相关从业者应定期对产地环境进行监测,宜委托第三方检测机构对环境质量进行检测。

图3-1 草莓园选址生态环境良好

2. 地下水位

草莓种植地块宜地势平坦、地下水位应常年0.8米以下（青浦等低水位地区在0.5米以下）。对于地下水位高的地块，主要改造方法有（图3-2）：

土壤高垄栽培法

容器栽培法

高架设施栽培法

图3-2　改造方式

开深沟、起高垄,将地下水位降低到植物主要根层以下。

采用容器或者高架设施栽培,这样使得植物根系在地表以上,基本不存在积水问题。

3. 空气质量

草莓建园过程中的空气质量应符合NY/T391的要求,具体参数可以参考表3-1。二氧化硫是当前我国主要大气污染物,当二氧化硫排放量大时,会导致草莓叶片发生黄化现象。据统计,上海市近五年空气中二氧化硫浓度平均值0.01毫克/米^3,远低于GB 3095和NY/T 391的限定标准,为草莓生产提供了良好的空气环境。另外,农用塑料薄膜等制品在使用过程中,以及阳光暴晒时也可挥发出乙烯和氯气等有毒气体,使叶片变黄死亡。因此,大棚栽培草莓需及时通风换气,可使棚内的毒性气体排出室外。

表3-1 空气质量要求

项 目	指标	
	日平均[a]	1小时[b]
总悬浮颗粒物(毫克/米^3)	≤0.3	
二氧化硫(毫克/米^3)	≤0.15	≤0.5
二氧化氮(毫克/米^3)	≤0.08	≤0.2
氟化物(毫克/米^3)	≤7.0	≤20

注:a指任何1日的平均指标;b指任何1小时的指标;相关指标参照NY/T 391的要求制定。

4. 农田灌溉水质

加强农田灌溉水质监管,对促进农业可持续发展、保障食品安全和土壤及地下水生态环境安全意义重大。绿色草莓生产灌溉水中的化合物、重金属、细菌和pH应符合GB 5084和NY/T 391中的要求。由于草莓更适合偏弱酸性条件下生长,所以需对草莓pH做适度调整。另外,草莓根系对氯离子敏感,所以应特别注意水中氯化物含量应≤350毫克/升。草莓园灌溉水质标准参数详见表3-2。

表3-2　草莓园灌溉水质要求

项目	指标	引用文件
pH	5.5～7.5	在NY/T 391基础上做适度调整
悬浮物（毫克/升）	≤15	GB 5084
五日生化需氧量（毫克/升）	≤15	GB 5084
化学需氧量（毫克/升）	≤60	NY/T 391
阴离子表面活性剂（毫克/升）	≤5.0	GB 5084
氯化物（以Cl^-计）（毫克/升）	≤350	GB 5084
硫化物（以S^{2-}计）（毫克/升）	≤1.0	GB 5084
总汞（毫克/升）	≤0.001	NY/T 391
总镉（毫克/升）	≤0.005	NY/T 391
总砷（毫克/升）	≤0.05	NY/T 391
总铅（毫克/升）	≤0.1	NY/T 391
六价铬（毫克/升）	≤0.1	NY/T 391
粪大肠菌群数（MPN/升）	≤10 000	NY/T 391
蛔虫卵数（个/10升）	≤10	GB 5084
氟化物（毫克/升）	≤2.0	NY/T 391
氰化物（以CN^-计）（毫克/升）	≤0.5	GB 5084
石油类（毫克/升）	≤1.0	NY/T 391

5. 土壤要求

土壤环境质量和土壤肥力应符合NY/T 391的要求，见表3-3和表3-4。土壤肥力选择该标准中菜地的Ⅰ级肥力指标，最好要求经3～4年改良后果园土壤中有机质含量＞30克/千克、全氮＞1.2克/千克、有效磷＞40毫克/千克、速效钾＞150毫克/千克、阳离子交换量＞20厘摩正电荷/千克，为高品质草莓生产奠定基础（图3-3）。

表3-3　土壤质量要求

项　　目	指　　标
pH	6.5～7.5
总镉（毫克/千克）	≤0.3
总汞（毫克/千克）	≤0.3
总砷（毫克/千克）	≤20
总铅（毫克/千克）	≤50
总铬（毫克/千克）	≤120
总铜（毫克/千克）	≤60

注：相关指标参照NY/T 391的要求制定。

表3-4　土壤肥力要求

项　　目	指　　标
有机质（克/千克）	＞30
全氮（克/千克）	＞1.2
有效磷（毫克/千克）	＞40
速效钾（毫克/千克）	＞150

注：相关指标参照NY/T 391的要求制定。

图3-3　含丰富有机质的土壤保证草莓高品质生产

（二）设施设备

1. 道路系统规划

规模化草莓园由主路和支路组成（图3-4）。主路硬化，贯穿全园，外接公路，内接支路，路面宽度4.0～5.0米，适于果园机械化作业。小区以支路为界，支路与主干道垂直，便于中、小型机械通行，宽度为3.0～4.0米。

图3-4 草莓园主路和支路

2. 排水系统

上海地区草莓园推荐建主排水沟、干沟和支沟（图3-5）。主排水沟位于主路两侧，深100～120厘米、宽100厘米，为了便于果园机械化作业可采用水泥盖板或铺设暗排管等暗排设施。海拔3.0米以下的上海地区（吴淞口）主沟深120～150厘米、宽100厘米。干沟与主排水沟相通，深80～100厘米、宽80厘米。支沟与干沟相通，深60厘米、宽80厘米。易淹水或地势较低的地区,应在主排水沟靠近外河区域建立强排系统。

图3-5 主排水沟、干沟和支沟

3. 灌溉系统

在离水源近的地方设置泵房（30～40米²）、肥料池等水肥一体化灌溉系统（图3-6）。根据灌溉面积和设计流量选配适宜的水泵、干管等组件，主要技术规格参数见表3-5。相对于微喷带，更建议采用滴灌带等方式进行灌溉（图3-7）。类似崇明岛含盐分高、pH高的不适宜灌溉地区，宜修建雨水收集池（图3-8）。

图3-6　水肥一体化灌溉系统

表3-5　水泵和干管的主要技术规格参数

面积（亩）	水泵			干管管径（毫米）
	功率（千瓦）	数量（台）	水量（米³/时）	
≤50	5.5	2	23～46	≥90
50～100	7.5～11.0	2	46～85	≥110
100～200	11.0～15.0	3	85～160	≥110

图3-7　草莓定植后的微喷和滴灌两种模式

图3-8　雨水收集池

4. 大棚设施

搭建大棚除了考虑尺寸之外，还要考虑走向和光照。因为上海属于亚热带季风气候，所以一般来说搭建南北走向的大棚会比较方便通风，两座棚之间适当隔开以减轻棚与棚之间光照的互相遮挡。

上海草莓设施大棚宜采用单栋塑料外棚和内棚双重保温（图3-9），主要推荐的技术规格参数见表3-6。设施大棚管棚骨架为两拱杆采用拱连接管外接的"二段式"

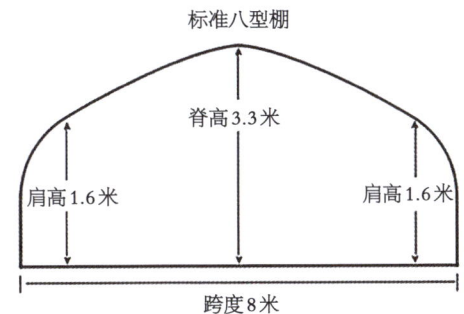

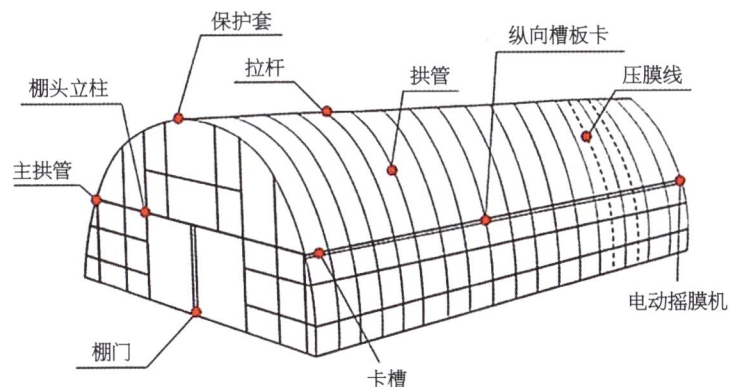

图3-9 草莓大棚设施结构图

表3-6　设施大棚的主要技术规格参数　　　　　　　　（单位：米）

棚类型	跨度	拱间距	肩高	脊高	基础埋深	长度
外棚	8.0	0.8	1.6	3.3	≥0.4	32～40
内棚	7.5	2.5	1.5	2.5	≥0.4	32～40

结构，主体钢结构件宜采用碳素结构钢，表面应进行热浸镀锌处理。为防控夏秋季台风侵袭，设施应具有总体完整性和稳定性。其中拱管圆管外径不少于32毫米，壁厚不少于1.5毫米；拱连接管圆管外径不少于37毫米，壁厚不少于1.5毫米。组装配件中的焊接件应先焊接并经防腐处理，采用螺栓紧固。设施大棚包括外棚和内棚宜采用侧面电动卷膜侧窗机构（图3-10），且外棚和内棚宜分别采用0.07～0.08毫米和0.04～0.05毫米透明聚烯烃膜，每年更换一次。

图3-10　大棚两侧电动卷膜装置

5. 其他配套设施

在园区交通便利处每100亩配套建设管理用房面积为100平方米、生产资料仓库面积为300平方米、果品分级包装装运场地和采后预处理间面积为150平方米、农用机械设备仓库面积为300平方米等基础设施，并在醒目的位置树立标示牌。

（三）定植前准备

1. 土壤消毒

土传病害轻微的田块应先及时清理上茬作物，在5—6月放水淹没棚内田块，期间换水1~2次。梅雨季过后,在7月每亩施入有机肥1 000~2 000千克及氮磷钾复合肥20~30千克,深翻30厘米,保持土面湿润,盖上农膜并将四周压实,再将大棚膜放下密封至8月中下旬。土传病害较重的田块在及时清理上茬作物、淹水和撒有机肥之后,再施棉隆微粒剂15~20千克或石灰氮35~40千克,深翻30厘米,保持土面湿润,盖上农膜并将四周压实,再将大棚膜放下密封至8月中下旬(图3-11)。

图3-11　土壤松土与覆膜压实进行密封消毒

2. 有益微生物的使用

有益微生物能改善土壤状态，促进植物生长，增强植株抵御病害的能力，在农业领域应用广泛。在土壤消毒时，由于棉隆、生石灰等消毒剂和普通的太阳能闷棚消毒均能杀灭有益微生物菌群的活性，故在实际生产过程中需要格外注意有益微生物菌剂的使用时间。一般推荐在土壤消毒完毕揭膜后、生产苗定植前，可在土壤表面撒施或冲施微生物菌剂，再进行土壤深翻，以利于有益微生物迅速占位，并发挥作用（图3-12）。

图3-12　常用微生物菌剂

3. 开沟作畦

草莓宜采用高垄栽培模式，可以克服田间湿度大、通风透气性差和病虫害严重等缺点，更适宜保护地栽培的需要。该栽培模式将土壤表面由平面形改为波浪形，扩大土壤表面积30%以上，从而增加了太阳光能的截获量，白天升温和夜间降温迅速，昼夜温差加大，利于有机物的快速转化与积累。此外，草莓高垄栽培使两个高垄中间留出人行道，人在人行道内行走时不至于踩果，便于疏花、疏果、防治病虫害和采收等管理工作。在消毒揭膜后即可进行田间放样、翻地开沟和作畦；宜按畦宽连沟100厘米、畦高30～35厘米、下畦面宽60～70厘米、沟面宽30～40厘米开沟作畦（图3-13）。

图3-13 土地开沟放样、起垄和起垄的高度与宽度

（四）定植与栽后管理

1. 定植时间

大棚栽培的定植时间应根据草莓顶花芽分化程度和当地温度来确定。在定植前，可以用显微镜观察草莓苗花芽分化的状态，当有50%的草莓苗顶花芽分化状态处于二分割期时（图3-14）即可开始大规模幼苗定植。在生产实践中如果短缩茎出现明显弓背，叶片基部叶柄上出现了耳叶，即可定植。若定植过早，空气温度过高易造成草莓地上部分叶片水分蒸发量大，而地下根系又不能很好地供应水分和养分，则会导致草莓苗定植成活率大幅降低。若定植过晚，则不利于缓苗后的生长，不能形成壮苗，也会影响花芽分化进程和最终产量。上海地区一般于9月上中旬开始定植幼苗。

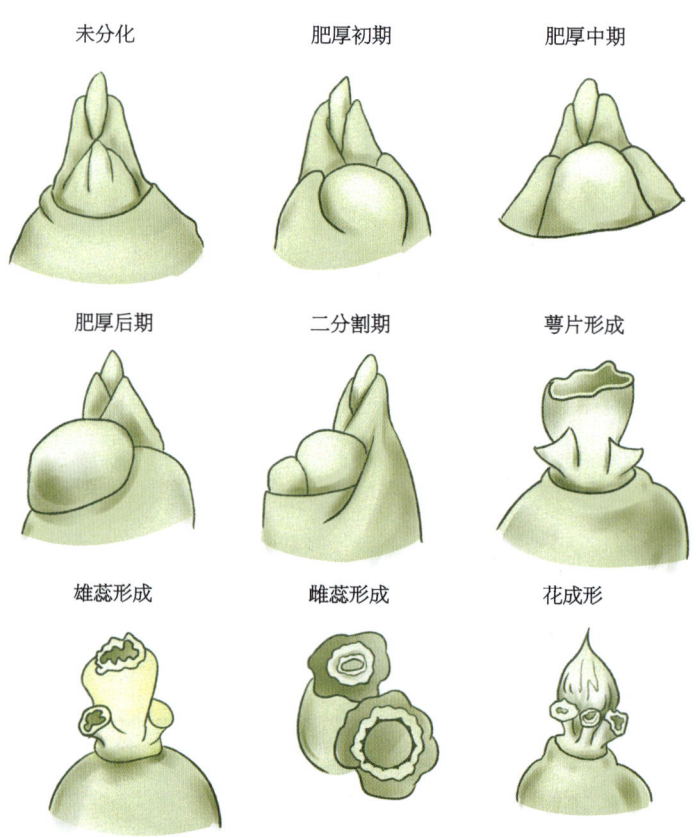

图3-14 草莓苗茎尖花芽分化状态进程图

2. 草莓苗定植

采用一畦双行的三角形种植方式，株距18～25厘米、行距25～35厘米、亩栽6 000～7 000株，具体种植密度参照各个品种特点，应根据幼苗情况、土壤营养状况等具体情况进行具体分析。

草莓定植时尽量采用带土坨移栽的方法，以缩短缓苗期，提高成活率。准备移栽前一天，先用水浇湿苗地，以免切取幼苗时土块散碎不能形成土坨。从苗圃直接取苗，由于苗圃内幼苗密度较大，可以切成三角形的土坨。假植的幼苗密度较小，取苗时切成适当的方块土坨即可。定植前去除黄叶和病叶，按种苗新茎粗细分开定植。如果定植基质苗，轻缓抖落根系基质，防止"团棵"现象，利于扎根成活。过长的根系可适当修剪，保留10～15厘米。定植前，使用广谱性杀菌剂对草莓种苗特别是裸根苗进行蘸根或浸泡处理，阴凉处沥水晾干后进行定植。定植草莓苗时，幼苗弓背统一朝向垄外，花序从弓背方向长出，向外生长、伸长。结果后，果实紧贴高垄两侧的侧壁上，果实向阳，果个大，着色好，口感好（图3-15）。

图3-15 草莓苗弓背朝外定植利于后期结果外挂

定植深度是决定草莓苗成活的关键因素，定植时应使心芽的基部和土壤平齐，做到"深不埋心，浅不露根"。定植过深，苗心被土埋住，在雨后容易发生幼苗烂心死苗。定植过浅，根茎外露，不容易发新根，新茎在阳光下暴晒，引起幼苗干枯死亡。特别注意的是，穴盘基质苗需减去一半根部利于快速生根（图3-16）。

浅　　　　　　　　适中　　　　　　　　深

图3-16　草莓苗定植深度和穴盘苗定植技巧

三、科学建园

3. 栽后管理

定植当天需浇足定根水，一般定植后1周内每天早晚各浇1次，让草莓苗的根系和土壤充分接触，使土壤保持湿润疏松状态。在浇完定植水后，需要检查草莓苗是否达到种植要求，发现问题及时调整或重新定植。草莓苗不耐高温，为了避免栽后缓苗期高温阳光暴晒对定植成活率造成影响，在定植初期，可以用遮阳网覆盖防止太阳暴晒（图3-17）；待草莓苗安全度过缓苗期后，再撤除遮阳网。

图3-17 草莓定植后用遮阳网遮荫

上海市果树全产业链生产技术

草莓

四

植株与花果管理

(一)植株管理

1. 叶片管理

(1)定植期

在草莓苗定植前需对种苗进行修剪,去除种苗上的老叶、枯叶和病叶,一般保留2~4片叶。若叶柄基部没有形成所谓的离层,去除老叶和病叶时可保留一段叶柄(图4-1),不可强行掰除,尽量注意减少伤口的产生,防止病原菌入侵。整理好的幼苗如不能马上进行定植,就要把幼苗放到阴凉处并加盖遮阳物,减少水分的蒸发。在草莓苗定植前,要做好消毒杀菌工作,确保无病苗定植。

图4-1 刚定植时去除老叶后留下的叶柄

(2)营养生长期

在定植及缓苗期后的15天左右,植株可以根据情况适当去除老叶和叶柄以促进根系生长。去除老叶和枯叶的时间尽量选择在天气晴朗的时段,且叶片上无明显露水。去除叶片当天不要浇水,控制水分,草莓垄表面保持干燥。在定植后20~30天,新叶已长出2~3片,之前的叶片开始老化,可适当进行去除,将之前留下的叶柄彻底摘除,促进新叶生长。若草莓植株较弱或较小,则不宜强行去除老叶。去除老叶枯叶时不可避免地会在草莓植株上造成伤口(图4-2),因此要及时进行药水喷施保护。

(3)现蕾期

草莓进入现蕾期后(图4-3),根据情况及时摘除老叶和病残叶以促进花芽分化。老叶中含抑制成花的物质,但也不可过度摘除,一般保留5~8片叶。枯叶和病残叶要及时去除,避免病原菌传播。

四、植株与花果管理

图4-2 去除叶柄后留下的伤口

图4-3 草莓植株的现蕾状态

（4）花期

进入花期，枯叶和病残叶也要及时去除，一般保留8～10片叶。若叶片太少会影响植株进行光合作用，植株发育放缓，开花和果实膨大缓慢，成熟期推迟。

（5）果期

草莓果实陆续成熟时依然要适当地摘除一部分病叶和老叶（图4-4），有利于通风、透光及花芽分化。同时也要注意不可过度去除叶片，保留10～15片叶。

2. 花序、芽和匍匐茎管理

图4-4 草莓果实成熟期需要摘除的老叶

（1）定植期

在定植前对草莓种苗修剪时，需将种苗上的匍匐茎去除（图4-5）。若匍匐茎较粗，不可强行去除，宜使用剪刀在距种苗10厘米处截断，避免产生较大伤口造成病原菌入侵。

053

图4-5 匍匐茎的去除

（2）营养生长期

随着草莓的生长，侧芽开始发生。一般仅保留1个主芯，最多再留1个侧芽（图4-6），及早摘除多余的侧芽，以防侧芽生长过快，叶片数量增多，影响植株通风透光。匍匐茎也需适当摘除，避免消耗植株过多养分。尽量在晴朗的天气进行，避免低温高湿环境。

图4-6 主芯与侧芽的保留方式

（3）现蕾期

草莓从定植到长出花蕾为止，一般要求保留1～2个芽枝，顶花序抽出前保留5片叶和1个顶芽，对过多子芽和腋芽要及时摘除。

（4）花期

草莓进入花期，生长旺盛的植株会产生较多侧芽，除影响通风透光、易引发病害及消耗植株养分外，还会形成较多的侧花序和小花小果，需适

图4-7　每株保留2个花枝

时摘除，以促进侧花芽分化。在顶花序抽出后，只选留1～2个方位好而壮的腋芽，将其余腋芽萌发出的新茎分枝和匍匐茎全部摘除（图4-7）。

（5）果期

及时摘除匍匐茎避免消耗植株养分，改善光照，促进花芽分化，增强植株越冬能力，提高草莓产量和品质。

3. 株高管理

草莓植株的株高因品种而异，主栽品种红颜株高宜控制在20～30厘米。

（1）控苗

草莓在栽培过程中易出现徒长现象，导致养分迅速向茎叶转移，营养生长与生殖生长失衡。草莓植株细长，叶柄变长，叶片大而薄，叶色变浅等，影响正常的花芽分化，最终影响果实膨大，造成草莓产量降低，果实品质下降。可根据苗情，适时通过药物处理、控制温湿度和水肥等技术措施进行控苗：

- 通过戊唑醇等药物对旺长苗进行控旺，使其保持合适的生长高度。
- 保证合适的温度，加强温湿度管理。开花坐果期白天温度不得高于26℃，夜间一般在8～10℃。适量减少水肥的供应，浇水时不要大水漫灌，浇小水，勤浇水，

确保土壤湿度不会发生明显变化。

• 控制有效氮肥的使用,抑制茎叶生长的趋势。

综上,通过组合多种有效的控苗技术可以调节叶柄生长,叶柄粗壮,叶片厚度增加,根系发达,可增强对病虫害的抵抗力(图4-8)。

图4-8 草莓苗保持合理控苗

(2)促苗

在移栽后较长一段时间内,草莓苗如果依旧长势过弱(图4-9),则需适时通过激素处理、水肥管理和中耕等技术措施进行促苗调控。

• 通过赤霉素等药物对长势过弱苗进行适当促苗,使其保持合适的生长高度。

• 保证合适的温湿度管理。草莓苗刚移栽时需水量较大,不耐旱。后期注意控制水分,水分过多会导致根部呼吸困难抑制生长。适当的早盖地膜和棚膜,以提高周边环境温度促进植株生长。

• 合理进行追肥。适当多施氮肥或水溶性平衡肥,补充植株养分。

四、植株与花果管理

图4-9　草莓苗不发新根长势过弱

- 中耕松土。移栽之后因为土壤较湿润，需注意适当松土，可避免土地出现板结问题，让根部更加透气，促进新的根系生长。中耕松土时不能离根部太近，避免伤害根系。

（二）疏花疏果

1. 目的意义

疏花疏果是人为去除一部分过多的花和幼果，使植株合理负载，减少养分消耗，以获得优质果品和持续丰产。目前草莓主栽品种红颜和章姬花量大、花枝多，往往造成大量的无效花果，因此需要通过疏花疏果来增加草莓单果重和可溶性固形物含量，从而提高草莓果实品质和产量。

2. 疏花

（1）一般原则

要根据品种和植株长势去留花蕾，若植株上的花量大，则需把小花小蕾摘除，反之则不需要疏花蕾。若疏花过重而连续开花结果跟不上，虽然提高了果实品质，但总产量太低，从而影响整体效益。疏花处理措施应因品种、因地区而异。

（2）高级次花的疏除

草莓的花序为有限聚伞花序，包含顶花序（新茎的顶端长出）和腋花序（从下面叶片的叶腋长出）。草莓的单株花序有2~8个，每个花序有3~30朵花，花期较长，20~30天。草莓同一植株上常出现第一、第二级花序果实已成熟，而第四、第五级花刚刚开放或尚未开放的现象，级次越高，开花越晚。因此，草莓果实的大小和成熟期也不相同。早花果实个体大、成熟早，晚花果实个体小。所以为了果实具有更好的商品性，一般建议疏除花序上的部分三级花和所有四级花（图4-10）。

图4-10 草莓的各级花序的去与留

3. 疏果

（1）一般原则

草莓果实为聚合果，是由一朵花中多数离生雌蕊聚生在肉质花托上发育而成的。植物学上称为假果，因其柔软多汁，栽培学上又称为浆果。在果实生长发育时期，温度是非常重要的影响因素。温度高，成熟早，果实小；温度低则有助于果实膨大。日照强度和长度也对果实成熟和果实品质有明显的影响。长日照、强光照促进果实成熟。疏果一般在幼果期（果实绿色）进行，结合草莓的品种特性、种植密度和植株长势等，进行科学疏果。

（2）高级次果和病残果的疏除

草莓果实以一级序果为最大，花序上级次高的花结的果小。一般四级序果由于失去了商品价值，通常成为无效果。无效果和病残畸形果均要尽早疏除，以减少养分流失及潜在危害（图4-11）。对红颜草莓进行疏花疏果，宜在第1～第3茬花序分别保留7个果、5个果和3个果（图4-12）（具体留果数还需兼顾采摘或销售渠道等不同需求），可显著增加草莓的单果重、可溶性固形物含量及单株产量。

图4-11 无效果和病残果的疏除

图 4-12 草莓各茬花序的一般留果策略

（三）放养蜜蜂

草莓在授粉缺乏和不完全授粉过程中会出现畸形果；花期放蜂是预防畸形果出现的最有效的办法。

1. 蜜蜂授粉的优势

蜜蜂授粉与人工授粉相比，主要有以下三点优势。

- 经过蜜蜂授粉的果实发育较好，果肉细胞数目增加更为迅速。在果实发育初期，蜜蜂授粉和人工授粉的生长速率相似，但在后期由蜜蜂授粉的果实生长量逐渐超过了人工授粉结出的果实。

四、植株与花果管理

- 蜜蜂授粉后发育形成的草莓中，其VC含量、可溶性固形物含量均高于人工授粉的果实。
- 蜜蜂授粉的落果率明显低于人工授粉，该现象可能是由于人工授粉不均匀或者不完全造成。

尽管蜜蜂授粉相较人工授粉更具优势，但如若忽视设施内放养蜜蜂的相关技术，管理粗放，造成蜂群懒于工作或后期蜜蜂数量不足等现象，也会严重影响草莓的产量和品质（图4-13）。

蜜蜂正常授粉时果实发育良好　　　　　蜜蜂授粉不足时的畸形果

图4-13　授粉对草莓果形的影响

2. 蜜蜂品种及数量选择

目前常见的用于草莓授粉的蜜蜂主要有中华蜜蜂和意大利蜂（图4-14）。在选择好蜜蜂种类后，需要根据草莓种植面积大小和种植密度确定蜜蜂的数量。一般1株草莓要对应1只蜜蜂，如1亩地定植草莓8 000株，即需配备蜜蜂8 000只，农户需根据种植草莓的面积、种植密度和数量，合理选择蜜蜂数。

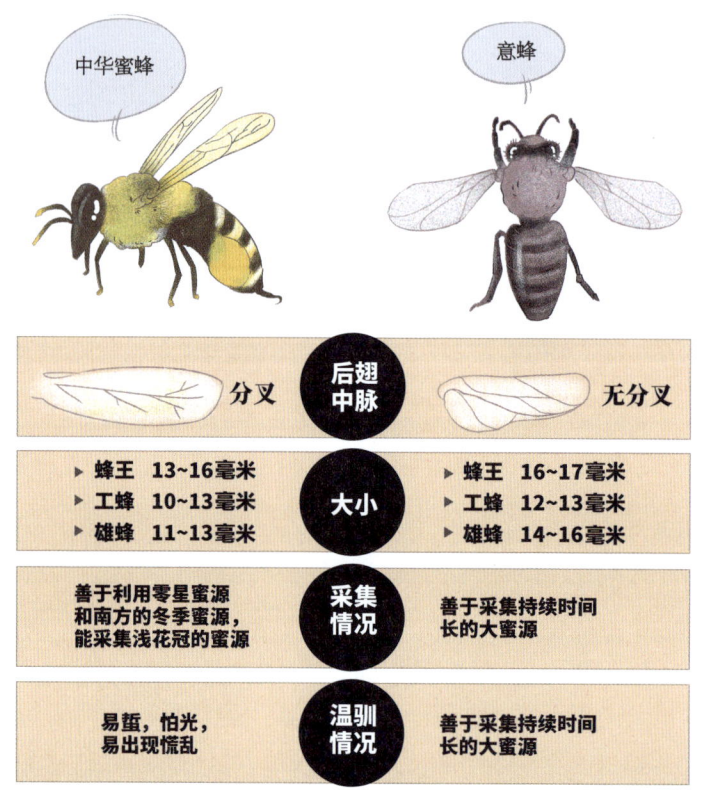

图4-14　中华蜜蜂与意大利蜂的区别比较

3. 放蜂前准备

在放蜂前,需要对草莓大棚内进行病虫害的防治。一般要在蜂箱进温室大棚5～10天前对设施内病虫害进行防治,特别是虫害。放蜂之后原则上不得使用化学农药,特别是杀虫剂,以免对蜜蜂造成危害。如草莓种植过程中常使用的丁硫克百威和高效氯氟氰菊酯等化学农药对蜜蜂有高风险,放蜂后应禁止使用。

4. 放蜂时间与地点

当棚内草莓植株初花率达到10%时,将蜂箱于傍晚或夜间搬入棚室(密闭蜂箱口),于第二天凌晨再将蜂箱口打开。搬入蜂箱后2～3天不进行田间农事操作,让蜜蜂充分适应新环境,有助于蜜蜂授粉。由于蜜蜂具有向光性,应使蜂箱尽量放置于棚室内最温暖的位置,并尽可能让第一缕阳光照射到蜂箱口,促使蜜蜂尽早工作,进行授粉。为预防老鼠损害,蜂箱宜摆放于约距离地面0.5米高处(图4-15)。

图4-15 蜂箱在大棚中的摆放位置及出口朝南离地0.5米

5. 蜂群管理

(1)蜂群进棚

蜂箱刚入棚后尽量减少农事操作,等待蜂群基本安定。

(2)刺激蜜蜂工作

蜂箱进入设施内2~3天后,蜂群已逐步适应了设施内环境,此时仔细观察蜜蜂状态,若棚室内蜜蜂数量较少,表明工蜂不愿出巢工作,此时可采用糖水引诱的方法在巢门口喂蜂,引诱蜜蜂出巢授粉。

(3)调整适宜温湿度

蜜蜂生活最适温度为15~25℃。若温度长期在10℃以下或高于30℃时,均会影响蜜蜂出巢工作。连续阴雨天或浇水造成设施内湿度过大,会造成蜜蜂飞行困难,甚至大量死亡;棚膜上水滴多时,蜜蜂飞行易被水打落致死,须及时通风换气,降低空气湿度;可以采用行间覆草、撒施生石灰的方法降低田间湿度(图4-16)。因此,要注意保温及放风管理,创造适宜蜂群活动的环境。

图4-16 行间覆草降低棚内湿度

(4)糖液饲喂

草莓开花具有周期性,有时无法满足蜜蜂正常生长繁殖的需要,前期花少时可适量喂糖养蜂。糖与水的比例为1∶1或2∶1,熬开后(促进白糖溶化,并对糖水起到高温消毒作用)待温度降到40℃以下后将糖液倒入蜂箱内消毒处理后的饲喂槽,并在其内放若干稻草棍,以防蜜蜂因取食不慎而溺亡。每半月饲喂1次,喂食后及时将饲喂槽取出,并清理干净以备下次使用。除了糖液,还需要对蜜蜂进行单独喂水,防止中午温度过高时蜜蜂无水可采。

(5) 种植油菜

可在设施两侧或者前后种植油菜，但不能一次性种植过量，以防蜜蜂专挑油菜花而不给草莓授粉，可遵循分批种植、一次少量的原则。种植油菜主要有以下两个用途。

- 当草莓花少或花粉不足时，油菜花可以给蜜蜂提供蜜源，满足蜜蜂生活的需要；
- 油菜花可以刺激蜜蜂工作，进行授粉；同时，油菜花花粉可以刺激蜂王进行繁殖，保持蜂群的旺盛力。

(6) 蜂箱保温管理

设施内温度低于10℃时，蜜蜂无法正常进行授粉，也容易造成蜜蜂大量死亡；所以在冬季要对蜂箱进行保温，让蜜蜂在温暖、舒适的环境中生活，促进授粉。另外，设施内采取多层覆盖时，揭中、小棚膜时要放到大棚两侧底部，以防蜜蜂在飞行授粉时钻到薄膜夹缝中。

(7) 及时清理蜂箱

蜜蜂寿命较短，一般在1个月左右开始出现自然死亡现象，因此需定期清理蜂箱。遵循每月清理1次的原则，空气湿度大时可半个月清理1次，清理后注意消毒。

（四）清洁化生产

草莓的清洁化生产，目的是实现产品无污染化，提升草莓品质，为消费者提供优质、清洁、安全和放心的草莓果品，从而促进草莓产业优质可持续发展。

1. 覆盖地膜

地膜覆盖是草莓栽培中的关键技术，一般在日平均气温低于10℃时，选在花序抽生之前进行覆盖地膜（图4-17）。

图4-17 草莓垄覆盖地膜

（1）优点

- 防冻保墒，促草莓果实早熟。
- 增加光照，利于草莓进行光合作用。
- 增强土壤保水保肥的能力，同时改善土壤理化性状。
- 促进根系发育，增强植株抗性。同时还能够防杂草，节省劳动力。
- 降低设施内空气湿度，减少病虫害的发生。

（2）种类

- 透明膜。具有保温和保湿的作用，但是不能很好地抑制杂草生长。
- 黑色地膜。地面覆盖时可明显降低地温，透光率低，能有效防止土壤中水分的蒸发和抑制杂草的生长。
- 白色地膜。双面地膜一面为乳白色，一面为黑色。上层乳白色，可以起到反光降温的作用；下层黑色，可抑制杂草。

- 银灰色地膜。能够反射紫外线，地面覆盖具降温、保湿、驱避蚜虫的作用，能增加地面反射光，有利于果实着色，还能抑制杂草生长。
- 红色地膜。红色地膜比黑色地膜更能刺激作物生长，红色地膜能透射红光，有利于草莓果实转色，提高着色。
- 绿色地膜。绿色地膜可以除草、增温。绿色地膜覆盖能使植物进行光合作用的可见光透过量减少，而绿光增加，能抑制杂草叶绿素形成，可降低地膜覆盖下杂草的光合作用，达到抑制杂草生长的目的。绿色地膜覆盖的草莓果实鲜亮。采用红色和绿色地膜有利于提高果实品质。

综合性价比考虑，生产上一般使用黑色或银灰色地膜。

2. 覆盖沟膜

垄沟无积水后，用谷壳或秸秆碎铺于垄沟底部，均匀散开，并在谷壳上方覆盖1层灰黑色畦沟膜，灰色朝上，黑色朝下（图4-18）。垄沟覆盖有利于提高土壤有机质含量，增加草莓植株光照，降低果实污染率，方便游客观光采摘。

图4-18 草莓垄沟间覆盖沟膜

3. 覆盖无纺布

草莓坐果后，在两侧地膜上固定一层食品级的白色无纺布（宽30～40厘米，厚度为50～100克/米^2）。将无纺布覆盖在地膜和花序之间，将花序整理到无纺布上（图4-19）。这种栽培方式可减少草莓果底部与土壤的接触，起到防磨损、压碰伤和防震的作用，减少了果实损伤率，从而有效减少了微生物的侵染，降低了病果率。

图4-19　草莓垄固定食品级白色无纺布

4. 铺盖防鸟网

扣棚保温时在大棚侧窗内部挂起防鸟网，防止鸟啄食果实。被鸟啄食的伤口还会诱发草莓灰霉病，降低草莓产量。因此挂侧窗防鸟网，既可确保棚室能快速通风降温，又可降低棚内草莓病害发生率。

上 海 市 果 树 全 产 业 链 生 产 技 术

草莓

环境、水分与施肥管理

（一）环境管理

草莓生长过程中的环境管理包括温湿度、光照和二氧化碳（CO_2）浓度调控等。在草莓的不同生长阶段，具体温湿度、光照和CO_2浓度参数推荐值参见表5-1。

表5-1 不同生育阶段最适宜的环境指标

生育阶段	空气温度（昼/夜）	空气相对湿度	土壤相对湿度	CO_2浓度（毫克/升）
现蕾前	26～28℃/15～18℃	50%～60%	70%～80%	600～800
现蕾期	25～28℃/8～12℃	50%～60%	50%～60%	600～800
花期	22～28℃/8～10℃	40%～50%	50%～60%	600～800
果实膨大期	20～25℃/7～10℃	50%～60%	60%～70%	800～1 000
果实成熟期	20～25℃/5～8℃	50%～60%	50%～60%	800～1 000

1. 温度

（1）对植株器官的影响

草莓对温度很敏感。草莓喜欢温暖的气候，但不抗高温，尤其在育苗期，高温会引发苗期病害的大量发生；草莓有一定耐寒能力，但在生殖生长（开花、结果）期不抗严寒。草莓植株生长的适宜温度为15～28℃，-5℃以下会出现冻花发黑现象。

在草莓的生长过程中，温度对草莓的各个生长器官都有直接的影响。根系在2℃时便开始活动，10℃时加快生长，并不断发生新的不定根，达到最大的新根生长量。植株在低于5℃时地上部分停止生长，在5℃时开始萌芽，茎叶开始生长，至15℃时生长加快。草莓光合作用的适宜温度为20～28℃，28℃以上植株生长变慢，30℃以上植株生长和光合作用便受到抑制。

（2）对花芽分化的影响

草莓花芽分化的适宜温度为9～17℃，一般在田间可通过观察植株弓背是否隆起等症状大致判断花芽分化状态（图5-1）。草莓一般在平均温度达到10℃以上时开始开花，花药开裂的临界温度为11℃左右，花蕾抽生后遇到30℃以上高温花粉会发育不良，45℃时抑制花粉萌发，花粉萌发的适宜温度为25～27℃。花期温度低于0℃或高于40℃都会阻碍授粉受精的进行，影响种子的发育，导致畸形果（图5-2）。

图5-1　田间观察草莓植株花芽分化的状态

正常果　　　　凹凸果　　　　鸡冠果

图5-2　常见的草莓畸形果形状

（3）技术管理要点

当草莓已经进入了开花结果期时，为了保证养分的持续供应，白天将棚内温度控制在20～25℃，夜间温度保持在5～8℃。合理拉大温差有利于果实中养分的积累，不仅能促进果实膨大，还有利于果实增甜着色。当外界平均气温≤8℃时，要在草莓棚中铺地膜和盖上大棚膜；当外界夜间气温≤5℃时，在大棚中加盖双层膜保温；在棚内温度≥28℃时，注意采用通风、揭膜等措施降低棚内气温（图5-3）。

具体到月份管理来说，在12月份有寒潮来临时，可关闭棚门和密封出风口以防寒风吹灌入大棚。下雪过后，如果棚顶上有积雪，要及时清理，以防压垮大棚。2月末开始，气温开始回升，棚内的温度也会日渐升高，室温在白天有时可达30℃甚至更高。这一时期如果棚温太高，植株容易出现徒长现象，植株一旦徒长，就会严重影响产量，所以务必控制好棚温，避免植株徒长。

图5-3　冬季大棚双层膜保温

2. 湿度

（1）对各生长阶段的影响

湿度的控制在整个草莓种植过程中都有着非常重要的作用，是草莓种植成败的关键技术之一，也是控制草莓病害和果实膨大的关键。在草莓花芽分化期，湿度过大则会引起植株旺长，造成花芽分化延迟，甚至会造成草莓根腐病。草莓扣棚后，为了适应棚内高温的环境，浇水增加了棚内湿度，易造成白粉病和灰霉病的发生。而在花期湿度过高，则会造成花药开裂或花粉萌发受到抑制。在果实膨大期，适当提高湿度有利于果实膨大，结出个大口感好的草莓，但湿度过大又容易引起灰霉病的发生。

（2）技术管理要点

幼苗移栽后至扣棚前，草莓棚内空气相对湿度保持在70%以下；扣棚后到现蕾期，空气相对湿度控制在60%以下；在现蕾期到开花期，棚内空气相对湿度控制在40%~60%；在草莓果实膨大期，棚内空气相对湿度则宜保持在50%~70%。

湿度控制主要通过浇水、控水和改变放风口的大小来调节。在浇水和喷药后要及时放风降低棚内湿度，一般放风时间为4小时左右；如果遇到冬季低温和雨雪天气，宜在中午进行短时间放风（放风时间控制在1小时内）（图5-4），尤为注意过低的温度容易冻坏果实，不能盲目为了排湿而降低温度。

图5-4　冬季草莓大棚的放风降湿

3. 光照

（1）光强对植株的影响

草莓是喜光植物，但比较耐阴。光照充足时，草莓植株叶片的光合作用强，且植株生长旺盛，叶色深，花芽发育好，对产出较高品质的果实有很大的作用。若光照不足，光合作用弱，植株长势弱，叶柄和花序梗细，叶色淡、花朵小，果实小、品质差。草莓的光饱和点为2万~3万勒克斯，比其他果菜类低得多。

（2）光周期对植株的影响

光周期的长短对草莓的生长发育起着很重要的作用。上海地区种植的品种属于短日照品种，草莓不同生长发育时期对光照条件的要求不同。草莓植株在花芽分化前需要10~12小时的短日照和较低的温度；此时若经16小时以上的日照处理，则造成植株生长旺盛，不能形成花芽，甚至不能开花结果。但在花芽分化后经长日照处理，反而能促进花芽的发育和开花。在开花结果期，适宜的光照时间为12~15小时。进入12月，太阳的照射时间变短，在这种光照不足的条件下，草莓的授粉、受精都会受到一定的影响，导致的结果就是产生畸形果的概率大大提高。

（3）技术管理要点

草莓种植不宜过密，要合理栽植。当遭遇连续多日的阴雨寡照天气时，可采用补光手段进一步提升光强和改变光周期，使草莓植株接受更多的阳光照射强度和时间（图5-5）。具体措施包括在每亩大棚中安装40个40瓦的补光灯，每天在日落后或间隙式补光2～4小时，维持草莓植株长势。如果植株出现徒长，应立即停止补光。

图5-5 通过补光加强草莓光合作用
（图由杭州市农业科学研究院忻雅提供）

4. 二氧化碳（CO_2）

（1）CO_2浓度对植株光合作用的影响

一般情况下，草莓大棚中的CO_2浓度很低，只有200～300毫升/米^3；日出前浓度达最高，升至500毫升/米^3；日出1个多小时后，CO_2浓度逐渐下降。上午9时降至100毫升/米^3，此时若经通风，可使草莓棚内CO_2浓度有所回升，但仍在300毫升/米^{3}以下，低于棚外CO_2浓度。此时，大棚内的低CO_2浓度成为影响草莓生长发育的限制因素。一般情况下，当CO_2浓度大约为400毫升/米^{3}时，2万～3万勒克斯的光强即达光饱和点；当CO_2浓度升至800毫升/米^{3}时，6万勒克斯的光强也未达到饱和点。

因此，对大棚草莓补施CO_2，可使草莓叶片明显增厚，叶色浓绿，果个增大，成熟提前，能增产15%～20%。

（2）CO_2气肥的使用

CO_2气肥具有使用简便、省工省时、高效安全、经济实惠等优点，应用于草莓保护地栽培，增产效果十分明显，并且叶色浓绿、叶片肥厚、开花早、结实率高、着色好，抗逆性增强、感病率低，能有效预防灰霉病和白粉病等病害的侵染，使草莓提前上市7～10天。种植者可以直接在大棚内挂CO_2颗粒袋，也可以利用CO_2发生装置释放气体（图5-6）。除此之外，在草莓覆盖薄膜的同时，可以在畦内开2～3厘米深

图5-6　CO_2气肥发生装置

的沟，将CO_2颗粒气肥均匀地施入沟内，及时填土盖平，每平方米畦面施入CO_2颗粒10～15克。在7天以后，CO_2就开始缓慢释放以提供草莓光合作用，每次释放时间能保持40～60天。之后视情况随时补充CO_2颗粒，但补充数量少于第一次，每平方米畦面施入3～5克即可。为增强CO_2的使用效果，应当增加棚内土壤和空气温度，白天温度超过30℃时，应及时通风降温。需要注意的是，草莓保护地内CO_2浓度应适量、不宜太高，否则不仅增大成本，也会对工作人员和草莓的生长发育造成不良影响。

（二）水分管理

1. 草莓植株对水分的需求规律

草莓根系浅，大多分布在20厘米内的土层，加上叶片较多，蒸腾量大，在整个生长期中新老叶片不断进行更替，而且需要抽生大量匍匐茎、新茎和完成果实发育等过程；因此，草莓植株对水分的需求较高，不但要求土壤里有丰富的含水量，而且对空气中的水分含量也有一定要求。

草莓在不同的生长发育阶段对水分要求是不一样的。在秋季定植苗时，要保持土壤适当的湿润疏松状态（图5-7），但不能过于潮湿影响生根。营养生长期保持田间持水量在60%～65%，有利于促进花芽的形成。果实膨大期保持田间持水量在70%～80%，主要是促进果实着色，保证果实的品质和果实快速膨大。果实临近成熟时要注意控水，以保证果实的糖分和硬度。在采收之后，抽出匍匐茎和发新不定根对土壤含水量要求也要不低于70%。

2. 技术管理要点

草莓水分管理的具体实践细节可注意以下几方面。

（1）定植初期合理利用吊喷补水

在每年9月定植草莓苗时适逢高温，适当的迷雾补水有利于快速缓苗，提高苗的成活率（图5-8）。

五、环境、水分与施肥管理

图5-7　草莓苗定植时的土壤含水疏松状态

图5-8　吊喷补水装置

(2) 尽量选择在晴天上午浇水

阴天大气温度较低会间接导致土壤温度下降，不适宜草莓根系的生长。在阴天浇水以后，水分蒸发较慢，易致植株本身湿度增高，容易滋生病菌和虫害。下午天气温度逐渐走低，此时浇水会导致土温加速下降，从而影响草莓植株生长。一般选择在晴天上午10点左右浇水，可以借助中午积温，使大棚内土壤温度不会快速下降，维持草莓根系活跃度。

(3) 采用膜下滴灌

在地膜外浇水，除了操作烦琐之外，也会造成草莓植株以及花果被打湿，提高了棚内湿度，极易滋生病虫害，所以一般推荐进行膜下滴灌技术（图5-9）。

(4) 避免在天气异常时进行浇水

如果冬天出现陡然降温天气，应该尽量避开浇水。连续阴雨天气，是各种病害流行的最佳时期，更应该避免浇水管理。

图5-9 膜下滴灌浇水方式

（三）施肥管理

1. 常见缺素症的识别与防治

(1) 症状识别

草莓在生长过程中，由于施肥管理不当导致的缺素会引起植株的各种不适反应（图5-10）：缺铁致叶片变黄白，叶脉逐渐褪绿；缺磷则使得植株生长缓慢，叶片稀少，叶色黄褐，容易出现早期脱落现象；缺钾严重时会导致植株叶尖叶缘枯焦，叶

缺铁

缺钙

图5-10 草莓植株发生的常见缺素症状
（图由杭州市农业科学研究院忻雅提供）

片皱曲，老叶叶缘卷曲呈黄色及火烧色并易脱落。

（2）防治方法

对于具体的缺素症状，可采用以下方法进行防治（图5-11）：

① 防止缺氮

提倡施用酵素菌沤制的堆肥或有机肥。亩施碳铵10～15千克，穴施或以水带肥，中期施尿素3～8千克，后期喷施尿素液。

图5-11 草莓生长过程中补充微量元素的部分肥料种类

② **防止缺磷**

亩施过磷酸钙15～25千克，酸性土可施用钙镁磷肥，后期喷施0.2%～0.5%磷酸二氢钾。

③ **防止缺钾**

亩施钾肥5～10千克，分两次施效果更好，后期喷施0.2%～0.5%磷酸二氢钾。

④ **防止缺锰**

亩施硫酸锰0.5～1千克混入有机肥中做基肥。此外也可在苗期、花前期喷施0.05%～0.1%硫酸锰溶液。

⑤ **防止缺铁**

基肥中施入硫酸亚铁4～5千克。

⑥ **防止缺钙**

出现裂果烂果落果现象，可在苗期、花前期及膨果期喷施钙加硒800～1 000倍溶液。

⑦ **防止缺硼**

出现花而不实、空壳、籽粒不饱满等不良现象，可在苗期、花前期及膨果期喷施硼加硒800～1 000倍溶液。

⑧ **防止缺锌**

出现小叶病、花叶病、缩叶病、病毒病等生理病害时，可在苗期、花前期及膨果期喷施锌加硒800～1 000倍溶液。

2. 施用基肥

草莓是根系浅、多年生的草本植物，因此养分对于草莓的生长过程来说就显得尤为重要。要想使草莓变得高产、低死亡率，就一定要做好科学施肥。草莓是连续开花结果的植物，生长结果期间对肥料的需求较大，但草莓又不耐肥，因此不能将所有肥料一次投入到地里，而是在定植前施足基肥，生长期间再根据不同生育期和植株的生长状态适当追肥，这样才能满足草莓生长期间对养分的需求。施用基肥应把握以下几个原则。

（1）以有机肥为主

从草莓的吸肥规律来看，开花结果期间需要大量的肥料，尤其是磷、钾肥。有机肥的分解进程后期释放大量的磷、钾，刚好可以满足草莓花果期的生长需求。因此在草莓定植前要施足基肥，并且要以有机肥为主，配合施用适量化肥。有机肥不仅能够缓释肥料，还能改良土壤结构，增强地力，保证植株生长期间有充足的养分供应，增加土壤透气性，提高地温，减少冻害，促进根系生长，提高果实品质。有机肥养分分解慢，肥效长，对提高草莓产量最为明显。值得注意的是，有机肥施肥前要使肥料充分腐熟，不然施入土壤后会继续发酵引起烧根死苗。

（2）辅以适量化肥

化肥与有机肥混合后，可以被有机肥吸收保蓄，减少流失；化肥掺有机肥还可促进有机肥的腐熟，提高肥效。如过磷酸钙和微量元素等肥料，在单独施入土壤后容易因被土壤固定而失效，而当它们和有机肥混用时，由于减少了与土壤的直接接触面，降低了被土壤固定的概率，从而减少了养分的损失。

（3）加入少量菌肥

生物菌肥不但可以改善土壤的理化性状，提高土壤中的有机质含量，而且通过有益微生物的生命活动还具有解钾、释磷、固氮的功能。生物菌肥施入土壤后，生物菌很快增殖，形成群体优势分解土壤中被固定的且不能被植株吸收利用的氮、磷、钾，并固定空气中游离的氮，供植物吸收利用。菌肥肥效持续时间长，可达150～180天，所以作为基肥只需要施用一次即可。需要注意的是，菌肥是一种活性菌，施用时必须施入土壤中，不能撒施于地表。

综上所述，施用基肥可具体参考以下步骤和配方（根据土壤情况适当调整）：草莓定植前将土壤深耕25～35厘米，并结合耕翻亩施商品有机肥1 000千克、氮磷钾复合肥20～30千克及生物菌肥80千克。

3. 合理追肥

除了要施足基肥以外，一般在生长旺盛期还需追施速效化肥。苗期以施氮肥为主；花果期以施磷钾肥为主；在果实膨大期和采收时增施腐殖酸肥，并辅以功能性叶面肥；每次每亩以3～10千克为宜，整个生育期一般追肥5～7次。

根据草莓需肥特性，可参考以下具体追肥配方（根据土壤情况适当调整）：抽生新叶后至坐果前，每亩滴施平衡型水溶肥3～5千克，2～3次，按≤0.4%浓度进行滴灌，结合喷药追施叶面肥2～3次；果实膨大期，用高钾型水溶性肥5～10千克，2～3次，按≤0.4%浓度进行滴灌，结合喷药追施叶面肥2～3次；在2月中旬，每亩滴施平衡型水溶肥3～5千克，1次，浓度≤0.4%。

上海市果树全产业链生产技术：草莓

上 海 市 果 树 全 产 业 链 生 产 技 术

草莓

六

有害生物及逆境防控

（一）主要有害生物及绿色防控

上海地区草莓栽培以设施栽培为主。作为一个半封闭的生态系统，设施栽培环境相对稳定，温湿度相较露地栽培更有利于病虫害的发生。草莓病虫害较多，主要病害有叶斑病、灰霉病、白粉病和炭疽病等，主要虫害生物有蚜虫、红蜘蛛和斜纹夜蛾等。

1. 预防原则

按照"预防为主，综合防治"的方针，从生态系统角度出发，综合运用各种防治措施，创造不利于病虫滋生和有利于天敌繁衍的环境条件，保持园区生态系统的平衡和生物多样性的稳定。有害生物的综合防治指的是综合考虑生产者、社会和环境利益，在投入效益分析的基础上，从农田生态系统的整体性出发，协调应用农业、生物、化学和物理等多种有效防治技术，将有害生物控制在经济危害允许的水平以下。草莓病虫害绿色防控总体以农业防治为主导，重视物理防治和生物防治等措施，提高草莓植株抗病虫害能力；以化学防治为辅，减少危害人类健康和环境的污染可能性，保证草莓食用安全。

2. 防治方法

（1）农业防治

选用品种纯正、健壮和无病虫害的脱毒苗作为繁殖用的母苗，建立专用的繁殖圃培育生产用苗。采用高畦（垄）栽植，防止灌溉时土壤水分过多，造成植株沤根，以减少病害发生。加强植株管理，及时摘除老叶、病叶和病残果，并带出温室外深埋或销毁处理。实行膜下滴灌技术，方便有效控制温室内湿度。控制氮肥施用量，防止植株过度茂盛，减少病害发生。

（2）物理防治

① 高温闷棚防治技术

该技术可综合防治草莓枯萎病、黄萎病、根腐病等多种土传病害和金针虫、蛴螬等地下害虫,有效解决草莓连作障碍。一般在炎热夏季(7—8月),将草莓棚室密闭,使棚内土壤温度达到50℃以上,持续15~20天即可(图6-1);同时还可以辅助添加草莓土壤消毒剂,如威百亩、石灰氮和棉隆等,闷棚前可采用辣根素等进行棚室内喷雾消毒。

② 色板诱杀小型害虫

色板诱杀害虫是草莓害虫防治中一项有效的物理防治方法。黄板能有效防治蚜虫、粉虱和潜叶蝇等小型害虫,蓝板能有效防治蓟马等害虫(图6-2)。当色板上粘满粉虱、蚜虫和蓟马等小型害虫后,应及时更换黄板或蓝板,以便持续诱杀害虫。

图6-1 高温闷棚

图6-2 利用色板诱杀害虫

③ 利用集虫袋捕虫

该方法原理是把合成的信息素仿生化合物添加到诱芯中,通过诱芯缓释至田间,将甜菜夜蛾等害虫引诱至器上将其捕杀,从而减少田间虫口基数,达到生态治理的目的(图6-3)。

④ 太阳能杀虫灯

该灯能够有效控制害虫,对甜菜夜蛾和粉虱等害虫可起到显著的防控作用(图6-4)。

图6-3 集虫袋捕虫

图6-4 太阳能杀虫

（3）生物防治

① 防治白粉病、灰霉病等病害

在灰霉病或白粉病发生初期，可按300～500倍液亩施100～300克2～5亿孢子/克哈茨木霉菌可湿性粉剂（图6-5），或按500～1 000倍液亩施20～40克1 000亿芽孢/克枯草芽孢杆菌可湿性粉剂喷雾防治。

② 防治红蜘蛛、蓟马和蚜虫等小型害虫

在红蜘蛛发生初期，可以释放捕食螨进行防治，也可进行诱食或用生防菌剂喷雾防治（图6-6）。在蓟马发生初期，可以释放天敌防治。由于红蜘蛛和蓟马属于小型害虫，隐蔽性强，应及早喷药防治。

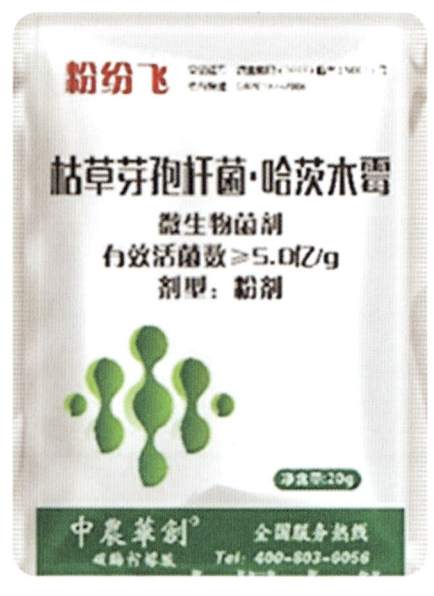
图6-5 哈茨木霉微生物菌剂

六、有害生物及逆境防控

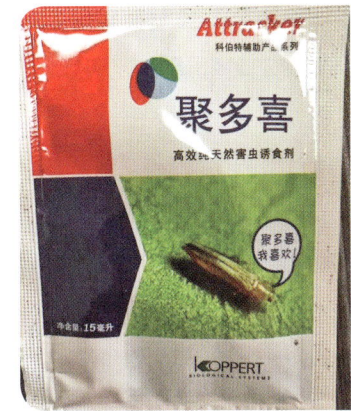

图6-6　借助诱食剂和捕食螨防治害虫

（4）低微毒、低残留化学药剂防治

在草莓生产中禁止使用高毒、高残留农药，宜使用低微毒、低残留农药，提倡使用生物源农药，同时应严格按照农药安全间隔期用药。农药使用以最新版本《绿色食品——农药使用准则》（NY/T 393）的规定为准，并严格按照农药产品标签中的规定使用。

3. 病害防治

（1）叶斑病

叶斑病是草莓生产中最常见的病害之一。

① 危害症状

细菌性叶斑病发病初期，叶片正面形成不规则黄色病斑，叶缘枯焦，严重可导致叶片穿孔。叶片背面呈深绿色，病斑扩大后融合成一片，逐渐变为淡红褐色而干枯。湿度大时叶片背面有菌脓溢出，干燥条件下成为一层薄膜。真菌性叶斑病则表现为蛇眼或褐色轮斑等症状。

② 病原

主要由细菌黄单胞菌（*Xanthomonas fragariae*）或部分真菌种类引起。

③ 发生规律

病原菌可在土壤里或病残体上越冬，对干燥条件具有较高的抵抗能力，待温度、光照等条件适宜后进行传播。该病原可通过感染母本植株从而传播到子代植株,传统的育苗方式如匍匐茎繁殖和根茎繁殖等都能传播该病原,导致病原菌存活时间增长,从而增加草莓叶斑病感染的风险;还可随农事操作造成的伤口或叶缘处水孔侵入植株致病并传播蔓延,后进入维管束开始上下扩展。

④ **防治方法**

农业防治:采用无病种苗,合理配比有机肥和矿质肥,疏花疏果,合理负载,提高植株体营养水平和抗性水平;清洁田园,及时剪除草莓植株病茎叶,废弃物清除至园外集中销毁;实施全园覆盖,防止畦沟内积水,做好通风,降低棚内湿度。

化学防治:化学防治主要依赖于保护性杀菌剂的作用。常见草莓叶斑病化学防治方法参见表6-1(99页)。

(2)灰霉病

① **危害症状**

灰霉病是长江中下游地区草莓生产中最易发生的病害之一。灰霉病菌会侵染草莓植株叶片和叶柄,引起花枯;被病菌侵染的草莓花瓣和花柄会变褐(图6-7),甚至造成整朵花和花序死亡,还会在花萼和果实上形成棕色病变,产生灰白色真菌。该病原菌引起的腐烂症状可发生在果实的任何部分,并在腐烂组织的表面产生大量菌丝、分生孢子梗和孢子。腐烂的果

图6-7 草莓灰霉病

实会变硬、变干最终成为僵果。灰霉病菌不仅在田间为害,而且在草莓的储存、运输和销售过程中均会造成严重的果损。

② **病原**

目前发现的草莓灰霉病致病菌有灰葡萄孢(*Botrytis cinerea*)、草莓葡萄孢(*B. fragariae*)、卡罗莱纳葡萄孢(*B. caroliniana*)、中华葡萄生葡萄孢(*B. sinoviticola*)和苹果葡萄孢(*B. mali*)5种。

③ 发生规律

灰葡萄孢菌以微小、不规则、黑色菌核和休眠菌丝体的形式在多种植物残体上越冬，例如草莓的叶、茎和果实，甚至能够在一年生的杂草上越冬。越冬的菌核会在来年春天产生大量分生孢子，随风、雨水飞溅和人类活动传播到整个草莓园区，沉积在植株花朵、茎、幼果和叶子上。雨水、露水、雾或灌溉产生的叶子上的水滴是分生孢子萌发和侵染的理想条件。分生孢子容易侵染花瓣、雄蕊和雌蕊，所以大多数草莓果实腐烂始于开花期灰葡萄孢菌的侵染。病原菌从花的不同部位进入花托，其生长能够引起典型的果实萼端腐烂。

④ 防治方法

农业防治：合理配比有机肥和矿质肥，疏花疏果，合理负载，提高植株体营养水平和抗性水平；清洁田园，及时剪除草莓植株病茎叶，废弃物清除至园外集中销毁；实施全园覆盖，防止畦沟内积水，做好通风，降低棚内湿度；已感病果实应及时收集带出棚外。

生物防治：在我国目前已登记的用于草莓灰霉病的生物制剂用法可亩施100～300克2亿孢子/克木霉菌可湿性粉剂喷雾防治。

化学防治：常见灰霉病化学防治方法和用量参见表6-1。花期用药对于防治灰霉病更为有效；与结果期频繁使用杀菌剂相比，初花期及时使用杀菌剂，成本更低且防治效果更明显。

（3）白粉病

草莓白粉病严重影响草莓产业的发展，会给我国草莓产业造成极大的经济损失。

① 危害症状

草莓白粉病首先出现的症状通常是叶缘卷曲，下部叶表面的白色菌丝斑会由此暴露显现。受感染的叶片发生卷曲，下部叶表面不时出现紫红色斑点（图6-8）。草莓花、叶柄和果实均会被感染，甚至导致果实开裂，表面呈现棕色或锈粉红色。严重的白粉病感染可导致植株光合作用显著降低，影响植株的整体活力，降低果实产量和品质。

② 病原

目前科研人员普遍认为草莓白粉病的病原菌主要为羽衣草单囊壳白粉菌（*Sphaerotheca macularis*）。

图6-8 草莓白粉病菌侵袭叶子和果实

③ 发生规律

白粉病菌只能在活的宿主植物组织上存活,因此该病原菌必须在受感染的活草莓叶片上越冬,或在移栽时引入。闭囊壳释放子囊孢子引起初侵染,一旦侵染成功,被侵染叶片上的分生孢子会在15～27℃的温度和有风的条件下发育和传播。温暖的气候和较高的湿度有利于白粉病菌在果实上侵染;在深秋至早春,低温寡照天气多,棚内干湿交替变幅大,有利于孢子的产生或传播,易反复侵染,致使该病暴发成灾。

④ 防治方法

农业防治:做好通风,降低棚内湿度。

物理防治:白粉病发生前或初期,在大棚内每亩悬挂5～8个硫黄熏蒸器,熏蒸器距地面高1米,器具间距12～16米。每个熏蒸器每次投放硫黄粉20～30克,于当日17时密闭大棚后通电加热2～3小时,每5～7天进行一次。

生物防治:在我国目前已登记的用于草莓白粉病的生物制剂具体用法用量可按300～600倍液100亿芽孢/克枯草芽孢杆菌可湿性粉剂进行喷雾防治。

化学防治:常见白粉病化学防治方法参见表6-1。

(4) 炭疽病

炭疽病常常大范围发生在草莓育苗期和定植前期,由此给农户带来重大的经济损失。该病是由炭疽菌属真菌引起的,以育苗期炭疽病的发生最为普遍,在繁苗阶段和定植初期,主要危害草莓根部和匍匐茎,造成根部腐烂和整株萎蔫死亡。该病严重发生时可造成大面积毁灭性死苗,极大地影响草莓当年收益。上海地区草莓主栽品种为红颜和章姬,均极感炭疽病,频繁爆发全田(棚)毁灭性死苗的事件。

① 危害症状

炭疽病初始症状包括植株发育不良和由于缺水而导致的嫩叶下垂。在感病初期,植株在白天的高温下枯萎,易被误认为是干旱或热胁迫。在感染晚期,整个植株发生死亡。纵向切割根颈处会发现白色和红褐色条纹,形成大理石花纹效果,或明显褐变腐烂(图6-9)。炭疽病菌侵染叶片时,在叶片的上表面会出现圆形黑斑。在受害叶柄和匍匐茎上时,病斑呈纺锤形,初为红褐色,后变黑色、凹陷。病斑包围叶柄或匍匐茎一周时,水分和营养运输不畅,造成病斑以上部分枯死。发生炭疽病的

图6-9 草莓炭疽病症状表现

苗根系正常，细根新鲜，病株不易拔起，整个根系保持纤维状。大多数品种的芽、花梗、花序梗和花都易受炭疽病菌的影响。如果花在授粉后不久发生病菌感染，发育中的果实会变小、硬和畸形。受病害侵染的果实表现为棕色到黑色、水浸斑点，在潮湿的条件下，病变可形成粉红色、橙红色或橙色的孢子团。将被感染的组织放置在培养箱中，24小时内即可形成孢子。

② 病原

草莓炭疽病菌属于小丛壳科（Glomerellaceae）、小丛壳目（Glomerellales）、子囊菌亚门（Ascomycota）和炭疽菌属（Colletotrichum）。

③ 发生规律

炭疽病菌的数量在无症状期会迅速积累，然后在有利气候条件下得以爆发。一旦侵袭开始，植株叶柄、匍匐茎和根颈处会产生大量分生孢子，并通过雨水飞溅落到草莓植株中心的芽部，根颈部便遭受感染。稻草覆盖物有助于减少飞溅水中孢子的扩散，但塑料覆盖物非常有利于炭疽病的传播。

④ 防治方法

农业防治：选用抗性品种，防止畦沟内积水，做好通风，降低棚内湿度。

化学防治：化学防治在目前炭疽病的防治中仍起主要作用。常见炭疽病化学防治方法参见表6-1。

4. 虫害防治

（1）蚜虫

蚜虫生活周期短，可以在不到两周的时间内从出生发育成为成虫，因此种群可迅速增加。许多蚜虫还能在草莓植株间传播病毒，使植株感染病毒病，导致生长发育受阻，品质下降，给种植户造成重大经济损失。

① 危害症状

蚜虫可常年危害草莓植株生长。在初夏和初秋，蚜虫常成群聚集于草莓的叶片、花蕾和顶芽等部位，刺吸汁液，使叶片皱缩、卷曲和畸形，严重时引起叶片枯萎甚至整株死亡（图6-10）。蚜虫分泌的蜜露会导致果实上的黑霉生长，形成煤污病，致其无法销售。

六、有害生物及逆境防控

图6-10 草莓蚜虫危害

② 种类

危害草莓的蚜虫主要是桃蚜（*Myzus persicae*）、棉蚜（*Aphis gossypii*）和草莓根蚜（*A. forbesi*）。

③ 发生规律

蚜虫繁殖速度快、繁殖周期短，1年内可繁殖10～30代，在草莓的整个生长季节均可发生危害。冬季来临时，随着温度降低、叶片枯萎，有翅蚜可以迁到草莓植株的老茎或枯叶下产卵越冬。

④ 防治措施

农业防治：清洁田园，及时剪除草莓植株病茎叶，废弃物清除至园外集中销毁。

物理防治：宜在园内生长季节每亩悬挂20～30块黄板，有效引诱并消灭蚜虫。

田间蚜虫发生量较大时应及时更换黄板,并清理出园外,避免遗留在园内造成二次污染。覆盖银灰色地膜或在田间挂宽10~15厘米的银灰色薄膜条驱避蚜虫。

生物防治:蚜虫可被许多掠食性昆虫如寄生蜂、食蚜蝇幼虫、草蛉幼虫和瓢虫及其幼虫有效控制。

化学防治:常见草莓蚜虫化学防治方法参见表6-1。

(2) 红蜘蛛

① 危害症状

红蜘蛛又称叶螨,是草莓保护地栽培过程中的重要害虫,常以成螨、若螨在草莓叶背刺吸植物汁液,发生量大时叶片灰白,生长停顿,并在植株上结成丝网,严重发生时可导致叶片枯焦脱落,草莓植株如火烧状。草莓受害初期主要症状是叶片出现白色或黄白色褪绿斑点,随着受害的加重,可使叶片变成灰白色及至暗褐色,抑制光合作用的正常进行。叶螨有很强的吐丝结网集合栖息特性,有时结网可将全叶覆盖起来,并罗织到叶柄,甚至细丝还可在树株间搭接,螨顺丝爬行扩散(图6-11)。

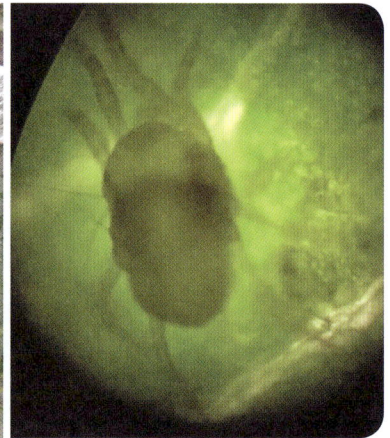

图6-11 红蜘蛛危害草莓症状

② 种类

草莓叶螨主要包括二斑叶螨(*Tetranychus urticae*)和朱砂叶螨(*T. cinnabarinus*)。二者的个体发育均分为卵、幼螨、第1若螨、第2若螨和成螨5个阶段。

二斑叶螨,一种微小的椭圆形八条腿的生物,长约0.4毫米,其背部有2个或4

个黑点。它们通常体为黄色、绿色或琥珀色，但越冬的雌性则呈现红色或橙色。二斑叶螨若虫较小，呈棕绿色，但在其他方面与成虫相似。雌性二斑叶螨一生可以在叶子下表面产卵多达100枚。卵为无色或白色的球形，常被细丝覆盖，3天内即可孵化。刚孵化的幼虫只有6条腿，成长为若虫则具8条腿。在适宜的气候条件下，从新产卵到幼螨，若螨最后到成虫，整个发育期可能只需要3周时间。

朱砂叶螨，体长0.4～0.6毫米；若螨身体两侧有明显块状斑纹。卵圆球形，初期为乳白色，逐渐变为橙黄色。雄性成螨为红色或橙红色，体后部尖削呈三角形，型略小；雌性成螨体色呈锈红色、红褐色或红色，少数为黑色，身体两侧有倒"山"字形黑斑，身体末端呈卵圆形。

③ **发生规律**

二斑叶螨和朱砂叶螨发育的最适条件是高温干旱（最适温度为21～35℃，空气相对湿度为33%～35%），6—8月为暴发期；降雨和降温天气可明显降低虫口密度。设施栽培环境的温度回升快，使得叶螨提前出现，且叶螨可周年繁殖，无明显越冬现象。两种叶螨传播方式多样，包括通过雨水、风或依附种苗、杂草和农具等。

④ **防治措施**

农业防治：及时剪除草莓植株病茎叶，清洁田园，废弃物清除至园外集中销毁，减少虫源。

生物防治：利用叶螨有益天敌控制叶螨的种群数量和危害程度。叶螨的天敌种类较多，有捕食螨、草蛉和小花蝽等，其中捕食螨的应用较为广泛。释放捕食螨的最佳阶段为冬前或早春在叶螨零星发生时释放；释放前先将田间老叶和虫量较多的叶片摘除带出棚外，一般按照益害比1∶(10～30)释放捕食螨，能有效地控制叶螨。尽可能减少有机磷、除虫菊酯等广谱性杀虫剂的使用，以保护天敌。

化学防治：常见草莓红蜘蛛化学防治方法参见表6-1（99页）。

（3）蓟马

① **危害症状**

常以成虫或若虫隐藏于花内或植物幼嫩组织部位（叶片背面、芽尖或花瓣内）（图6-12），挫伤顶芽、嫩叶

图6-12　蓟马成虫

或雌蕊等，导致叶片呈灰白色条斑皱缩不展、植株矮小、生长停滞和花芽分化不良。蓟马常造成草莓花朵萎蔫脱落、雌蕊变褐不能结实、果实不能正常着色和膨大、果面呈茶褐色，严重影响草莓产量和商品价值。

② **种类**

蓟马属缨翅目（Thysanoptera）蓟马科（Thripidae）昆虫，主要种类有西花蓟马（*Frankliniella occidentalis*）、棕榈蓟马（*Thrips palmi*）和花蓟马（*F. intonsa*）等。

③ **发生规律**

年发生10代以上，世代重叠。该虫发育适温为15～32℃，温度低于2℃时仍能成活，夏季棚室内完成一个世代仅需7～10天，在夏、秋两季高温干旱时发生最为严重。虫体在每年3月上旬开始活动，4月进入活动盛期，10月中旬活动减弱，11月上旬活动基本停止。在设施栽培中无越冬现象，可周年发生危害。在露天以成虫在茄科、豆科、杂草或土块、砖缝下及枯枝落叶间越冬，少数以若虫越冬。

④ **防治措施**

农业防治：合理安排茬口，减少插花种植，减少蓟马危害。清除田间残枝、杂草，消灭虫源。起垄前用石灰氮或棉隆土壤消毒，可同时灭除土中的虫卵虫蛹、病原菌和杂草种子等。栽培田间用地膜覆盖，减少出土成虫数量。在棚室通风口处设置防虫网，隔绝外来虫源。及时采摘受害的老叶和花果，密封带出棚外，集中深埋或烧毁，减少室内虫口。

物理防治：高温闷棚。在夏季草莓大棚休闲时，结合土壤消毒高温闷棚，保持40天左右，杀灭虫卵，减少虫源基数。在草莓棚内离地面30厘米高处，每隔10～15米挂插一块蓝色粘板诱杀成虫，并及时更换。利用蓟马雌虫趋光性，采取灯光诱杀。

生物防治：释放如小花蝽、扑食螨、瓢虫和蜘蛛等自然天敌捕食蓟马，在设施周边栽植马鞭草也能降低蓟马危害程度。通过提高棚内CO_2的浓度也能适当防控蓟马发生。

化学防治：在草莓育苗期和开花结果期，应加强蓟马发生危害动态的调查监测与预测预报，当有虫株率在5%～10%的初始发生期时，即可进行药剂防治。注意农药的合理交替轮换使用，防止害虫产生抗药性。常见草莓蓟马化学防治方法参见表6-1。

六、有害生物及逆境防控

表6-1 草莓设施绿色生产主要病虫害药剂防治方法

防治对象	危害部位	发生规律	防治时期	农药名称	使用剂量（倍液）	施药方法	安全间隔期（天）
蚜虫	叶片	新叶生长期是危害盛期	低龄若虫始盛期	0.3%苦参碱水剂	200~260毫升/亩	喷雾	/
			低龄若虫始盛期	10%氟啶虫胺腈水分散粒剂	30~50克/亩	喷雾	1
			低龄若虫始盛期	10%吡虫啉可湿性粉剂	20~25克/亩	喷雾	5
红蜘蛛	叶片	新叶生长期是危害盛期	虫卵孵化盛期	43%联苯肼酯悬浮剂	20~30毫升/亩	喷雾	3
			低龄幼若螨始盛期	110克/升乙螨唑悬浮剂	3 500~5 000倍液	喷雾	1
叶斑病	叶片	新叶生长期是危害盛期	发病前或始盛期	250克/升吡唑醚菌酯乳油	24~40毫升/亩	喷雾	5
灰霉病	花序和果实	初花期危害花及幼果，果实成熟期主要危害果实	发病初期	400克/升嘧霉胺悬浮剂	45~60毫升/亩	喷雾	5
			发病前或初期	80%克菌丹水分散粒剂	600~1 000倍液	喷雾	3
			发病前或初期	38%唑醚·啶酰菌水分散粒剂	60~80克/亩	喷雾	10
			发病前或初期	2亿孢子/克木霉菌可湿性粉剂	100~300克/亩	喷雾	/
			发病前或初期	50%啶酰菌胺水分散粒剂	30~45克/亩	喷雾	10
白粉病	叶片和果实等幼嫩器官	幼果期开始发病，转色至成熟期为发病盛期	发病初期	50亿CFU/克解淀粉芽孢杆菌AT-332水分散粒剂	70~140克/亩	喷雾	/
			发病前或初期	100亿芽孢/克枯草芽孢杆菌可湿性粉剂	300~600倍液	喷雾	/
			发病前或初期	43%氟菌·肟菌酯悬浮剂	15~30毫升/亩	喷雾	5
			发病前或初期	300克/升醚菌·啶酰菌悬浮剂	25~50毫升/亩	喷雾	2
炭疽病	叶片、果实和根茎	随雨水和气流传播，高温高湿条件下极易发病	发病前或初期	10%苯醚甲环唑水分散粒剂	56~68克/亩	喷雾	5
			发病前或初期	25%嘧菌酯悬浮剂	40~50毫升/亩	喷雾	5
			发病前或初期	430克/升戊唑醇悬浮剂	10~16毫升/亩	喷雾	5
			发病前或初期	500克/升氟啶胺悬浮剂	25~35毫升/亩	喷雾	7

注：农药使用应以最新版本《绿色食品——农药使用准则》（NY/T 393）的规定为准，并严格按照农药产品标签中的规定使用。

（二）主要灾害逆境及防控方法

1. 低温冻害

（1）危害症状

冬季低温（低于0℃）冻害会导致降低草莓植株来年春季产量和对土传病害的抗性水平。草莓植株在受到低温胁迫时，花朵中心变暗，草莓花蕊变黑，幼果僵灰死亡，成熟果冻伤（图6-13）。在冬春季种苗的露地育苗过程中，种苗被冻伤的情况也时有发生，造成叶片变褐，根系受损（图6-14）。

图6-13　草莓花遭遇冻害

图6-14　冬春季种苗遭遇冻害导致叶片受损

（2）发生原因

一是由于越冬前突遇霜冻或早春回暖后突遇大幅降温，因温差过大，产生危害。二是由于1—2月的低温寒潮，大棚内草莓正值第1批花序成熟采收和第2批花序开花结果期。

当温度过低或低温持续时间过长，草莓植株光合作用会遭受严重抑制，导致果实糖分无法积累。低温环境会使草莓对弱光有适应性，但长时间处于恶劣环境，会使植株死亡。

（3）防治措施

初花期在寒流来临之前要及时覆盖大棚外膜；及时覆盖内膜，保证棚内气温在2℃以上。适时加固大棚，及时修补棚膜，酌情可覆盖2层及多层内膜，必要时采取其他保温措施（如补光或加温等）（图6-15）。一旦发生冻害，要及时清除受冻花果和叶片，减轻植株负担，防止早衰。在冬春季种苗的管理上，需要对种苗进行保温处理，一般进行薄膜全田覆盖或者在此基础上继续添加稻草，以帮助种苗度过寒冬（图6-16）。

图6-15 通过烧炭进行棚内加温

图6-16 薄膜全田覆盖或者添加稻草为种苗御寒

2. 高温胁迫

（1）危害症状

高温胁迫往往造成草莓植株叶片萎蔫、变黄，不长新叶、老叶，有时会出现灼伤或焦边甚至干枯，植株全株枯死。气温若高于30℃会影响授粉，产生畸形果。在夏季生产苗的繁育过程中，上海由于处于长江中下游地区，容易遭受高温侵袭，常常导致生产苗扦插成活率低（图6-17）。

图6-17　生产苗在高温下烧伤匍匐茎和扦插大规模死亡

（2）发生原因

草莓喜冷凉气候，较耐低温，忌高温，30℃以上植株生长受到抑制。夏季气温高，持续时间长，高温条件下草莓苗生物膜透性增加，溶质外渗，水分平衡失调，造成植株萎蔫，叶绿素合成受阻，营养成分和产量下降，甚至植株死亡，给草莓种苗生产带来巨大损失。

（3）防治措施

人工遮荫：在育苗期或九月份生产苗定植初期使用遮阳网（图6-18）。

浇水：设施育苗可安装水帘风机等设备来降温；露地育苗则通过喷灌、用喷雾器喷施清水的方式来降温。在上午10点之前或下午5点之后进行，正午及午后不可浇水。

合理追肥：提高草莓植株抗逆性。

田间管理：首先应注意滴灌带的安装。滴灌带宜安装在匍匐茎的对侧，这样可以避免匍匐茎被滴灌带烫伤。其次，匍匐茎不要留的过早，养壮母苗可以利用母苗的叶片给子苗遮荫。

图6-18 使用遮阳网遮荫

3. 干旱胁迫

（1）危害症状

草莓植株根系活力降低，正常生长受到抑制，叶片卷曲，老叶出现灼烧或焦边的症状，果实成熟期延迟从而影响果实发育，甚至造成植株枯萎死亡（图6-19）。

图6-19 过于干旱的育苗地

（2）发生原因

草莓植株的根系分布较浅，枝叶生长量大，在整个生长季节要求水分供应充足。干旱胁迫会使得叶片叶绿素含量减少，叶片中的超氧化物歧化酶等酶活性均随干旱胁迫时间的延长呈现先上升后下降的变化趋势；丙二醛含量增加导致细胞膜的稳定性下降，最终引发膜伤害。

（3）防治措施

保持土壤湿润，避免土壤过度干旱，浇水时间要避开炎热的午后，小水勤浇。

4. 淹涝胁迫

（1）危害症状

草莓植株根部功能衰竭，并且极易引起草莓病害的滋生蔓延，使植株停止生长甚至死亡。果实无法正常着色，口味偏酸。育苗地如果地势过低，则非常容易发生淹涝灾害，导致种苗生产受损（图6-20）。

图6-20 育苗地遭受淹涝灾害

（2）发生原因

土壤水分过多和空气湿度过高均会破坏植物体内水分平衡，进而影响植物发育。土壤中水分过多一般分为两种情况：土壤水分超过最大持水量，处于饱和状态，土壤的气相完全被液相取代，即为渍水，又称渍害；水分不仅充满了土壤而且伴有地面积水，淹没了植物的局部或整株，通常称为涝害。

（3）防治措施

及时排除田间积水，疏通沟渠降低水位；及时摘除老叶病叶，采用抗病、抗菌和促根等药剂及时喷雾防治，减少死苗缺苗发生率。

5. 盐胁迫

（1）危害症状

在遭受盐胁迫时，草莓植株叶片边缘及叶尖有烧伤症状，新生叶片减少，匍匐茎苗无法在土壤表面生根，幼苗发根难且缺少须根。盐胁迫对植物的影响具体表现有以下几个方面。

- 盐胁迫影响草莓植株的生长：盐胁迫对植株会产生一定的伤害作用，对植株生长起到抑制作用，严重的情况下会直接导致植物死亡。
- 盐胁迫影响细胞膜透性：膜系统是盐害的主要部位，盐胁迫下细胞膜结构和功能被破坏，损害了膜透性，各种代谢受到干扰无法正常进行。
- 盐胁迫影响叶绿素含量：衡量植物耐盐性的其中一个重要生理指标即叶绿素含量，在一定程度上能够反映植物光合作用的强度。

（2）发生原因

草莓通常在设施大棚种植，整个生育期需要持续投入较多肥料以满足其生长所需，所以常年种植容易造成土壤次生盐渍化，尤其在草莓老产区，土壤次生盐渍化问题日益突出，严重威胁植株生长发育，最终导致草莓果实品质及产量下降，经济效益大幅度缩减。

（3）防治措施

平时注意减少化肥使用，科学施肥；改良土壤结构；采取轮作种植制度。

6. 营养缺乏

草莓在种植过程中容易出现营养不良的病症,其中比较突出的是草莓缺素症问题。一旦某种元素缺乏,草莓植株就会表现出相应的缺素症状,这将导致草莓产量降低并影响草莓果实品质(图6-21)。

7. 肥害、药害和激素危害

(1) 危害症状

肥害与药害比较常见的症状有叶缘坏死变褐,由外向内干枯;心叶根系坏死,或叶面上出现灼烧坏死斑。激素使用过量,会导致草莓出现生理性病害,如畸形果、空洞果、植株早衰、旺长和徒长等(图6-22)。

图6-21 草莓钙吸收不足导致焦边

图6-22 激素超量使用导致花枝过度直立拉长

(2)发生原因

肥害主要是由过量施肥引起的,如使用肥料过多、浓度过大,或集中施于根系附近等。叶面喷施时,肥料浓度较大也可造成肥害。药害和激素危害的主要原因有施药时期不恰当、施药或者激素浓度过高、方法不正确等造成植株异常。

(3)防治措施

草莓大棚栽培中若草莓植株发生气肥害,可通过揭掉地膜来排除草莓株行间的有害气体,并对温室内进行通风换气。发生根肥害的草莓地,可通过灌水冲洗土壤,降低肥料浓度。平时注意以农业防治、物理防治和生物防治为主,对病虫害进行防治,尽量避免或降低使用化学药剂次数;严格按照化学药剂包装袋上推荐使用的安全剂量进行操作,严格控制施药浓度;不可将化学药剂进行任意乱配和施用;选择合适的施药喷雾器。

上 海 市 果 树 全 产 业 链 生 产 技 术

草莓

七

采收及商品化处理

（一）果实采收

1. 适时采收的重要性

采收时期是否恰当，对果品的产量和采后贮藏品质有着很大的影响。采收过早，果实外观还未达到成熟的标准，果品本身固有的色、香、味还未得以充分表现，单果重小、产量低、品质和耐贮性也差。采收过晚，果实已经充分成熟，接近衰老阶段，则不耐贮藏和运输，在贮运中损耗大，腐烂率明显增高（图7-1）。

2. 采收成熟度的分类

草莓果实采收一般都应考虑果实生理成熟度（充分成熟）、商业成熟度（八九成熟）和采收标准（图7-2）。果实生理成熟度指的是对于果品本身而言，它的植物器官在生理上已达到充分成熟，种子和果肉已成熟变软。商业成熟度也被称为食用成熟度，以果品的品质转变为标准。对于零售商和消费者来说，商业成熟度指的就是果实在充分成熟后，所表现出的色、香、味和质地都处于最好的状态，具有食用价值。草莓和桃、李、杏、葡萄等大多数不具有明显后熟作用的水

图7-1 不适时采收造成大量烂果

图7-2 生理成熟、商业成熟度和未成熟

果，都适合在商业成熟度阶段采收，并立即可以上市，但是已经生理成熟了的果实不耐长期贮藏或者长途运输。由于草莓植株矮小，果实接触地面和采收晚易致果实腐烂等原因，鲜食草莓短距离运输可在果面着色90%～95%时采收，远距离运输则在果面着色80%时采收。硬肉型品种，如全明星、哈尼等一般在果实全红时进行采

收，既能达到该品种的风味，也不影响运输要求；加工用草莓品种则要求完全成熟时采收。

3. 采收成熟度的判定标准

各种果实采收时的成熟度主要是以商业成熟度作为依据，同时参考以下几个方面来判断。

（1）色泽

常见的草莓品种刚开始坐果时为绿色，在逐渐成熟的过程中，逐渐转为白色，最后由白转微红，红转为深红色。所以可以根据果面颜色的变化和深浅，作为采收特征；如大部分红草莓应该在红色时采收，而白草莓品种在果色转白时即可采收，粉色草莓品种则在草莓由白转为粉时方能采收（图7-3）。

图7-3 不同种类草莓成熟时的采收状态

（2）果实硬度

一般来说，果实硬度与果实成熟度呈现反比趋势，即果实越趋近成熟时则果实越软。不同草莓品种对不同成熟度的果实硬度要求也不一致，如白草莓普遍比红草莓偏软，成熟判定期可适当提前。

(3) 果实形态

果实在成熟时往往会表现出该品种果实特有的外观形态，如红颜草莓成熟时往往会显得果形均匀圆润，大小合适；可以根据果实形态，从经验上判断果实大致是否成熟。

(4) 糖类等重要化学物质的含量

草莓果实没有成熟时，往往较为干涩；在果实成熟的过程中，会逐渐产生糖类物质，当达到一定的糖度值常预示着果实的成熟（图7-4）。

(5) 生长时间的判断

草莓从植株定植到果实成熟往往经历特定长的时间。一般从开花到结果成熟需要

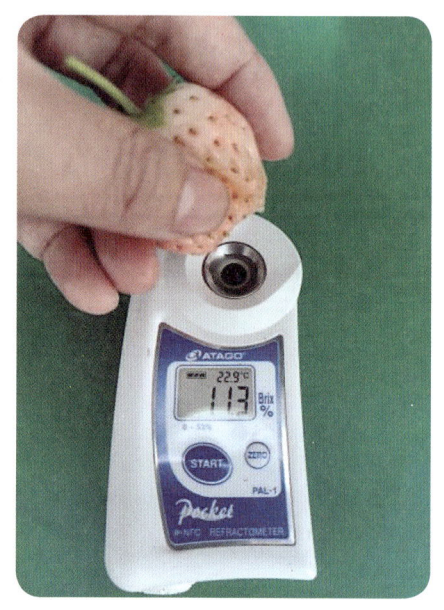

图7-4 糖度计测量果实糖度值

25~40天，早熟性好的品种往往成熟期会稍微短一些，所以可以根据生长时间的长短来综合判断果实的成熟度。

(6) 种子的颜色

一般情况下，未成熟的草莓果实表面的种子往往呈现青色或白色（除部分粉白系列品种），而成熟的果实种子往往呈现红色或者黑色。所以果面种子的颜色往往也是判断草莓果子是否成熟的一个标志（图7-5）。

图7-5 果实成熟时种子的颜色变化

4. 采收工具与方法

（1）采收工具

常用的采收工具有果子剪、手套、单层采果框、装果箱和运输车等，避免使用脸盆和水桶等在内的桶装采收法，而应用采收盘单层采收摆放（图7-6）。采收工具和器具应充分清洗，去除污染物残留。采收时应戴洁净软质手套，避免手直接触碰果实。

图7-6 桶装采收与单层容器采收

（2）采收方法

日晒的浆果、露水未干或下雨时采摘的浆果极易腐烂，所以草莓采摘时间一般在早晨露水已干至午间高温未到之前，或傍晚天气凉爽时。采收初期每隔1~2天采收1次，盛期每天采收1次，且每次宜将成熟的果实全部采净。采收时应轻拿轻放，可用手指掐断果柄、摘下，忌硬采、硬拉，勿损伤花萼和碰伤果实，同时将不符合质量要求的病虫果、畸形果和小果等单独放置处理。成熟期不一致的品种应分期分批采收，杜绝早采，以保证草莓果品能充分达到其品种本身的最佳状态。

（二）采后商品化处理

采后商品化处理是指将田间采得的一系列农产品在保持和改进质量的基础上成功转变为商品的一系列措施。采后商品化处理工作必须在整洁干净的采后处理车间完成果品的整理挑选和分级包装工作（图7-7）。

1. 整理挑选

整理挑选工作主要是指剔除机械损伤、病虫害和腐烂变质等一系列有明显瑕疵的果实（图7-8），还有一部分外观畸形较重的果实也不能纳入商品销售范畴。对于有泥巴等浅显污染的果实进行清洗整洁。

图7-7 整洁干净的草莓采后处理车间

图7-8 整理挑选过程中应剔除的病残果

2. 果品分级

过去很多果农采收和销售的都是桶装货，果品大小、颜色和质量参差不齐，没有经过严格分级的果品在商品市场上不具价格优势。国外水果商借助细致的果品的分级工作，纷纷进入我国的高端超市和门店，取得骄人的销售业绩，所以果品分级在商品化采后处理过程中显得尤为重要。根据上海市民的消费特点，参照NY/T 1789作为上海市草莓果品的等级标准，为上海市高质量草莓果品分等分级提供依据。草莓果品宜在温度为10～15℃的分级包装间内进行分等分级。果实质量应符合NY/T 1789中特级、一级和二级规定的等级要求,且分为大、中、小三个规格,见表7-1和表7-2。

表7-1　草莓果实外观等级

项目	等级		
	特级	一级	二级
基本要求	完好,无腐烂和变质果实;洁净,外观新鲜;无严重机械损伤,无害虫和虫伤;无异味;充分发育,成熟度满足运输和采后处理的需求等		
品质	优	良好	合格
着色度	100%	≥90%	≥80%
果形缺陷	无	不明显	少量允许
表面压痕	无	轻微	轻微

表7-2　草莓规格

项目		规格(克)		
		大(L)	中(M)	小(S)
红颜、章姬、久香等	单果重	>25	20～25	≥15
	同一包装中单果重差异	≤5	≤4	≤3
枥乙女、雪兔等	单果重	>20	15～20	≥10
	同一包装中单果重差异	≤4	≤3	≤2

3. 包装

(1)包装材料要求

草莓作为一个非常易耗的果品,包装显得格外重要。包装应符合"保质、环保、好感、便利、合规"的基本原则,同一级别的果品放于同一容器内,果实叠放高度为单层(图7-9)。包装材料应符合卫生标准、环保标准和相关行业标准,不得对产品造成二次污染。其中,内包装应无毒、无害和无异味,且符合食品级材料要求。外包装宜采用厚瓦楞纸板箱、塑料周转箱和泡沫箱等,箱体呈扁平形。纸箱容量以不超过3千克为宜,箱体应清洁、干燥,牢固耐压,内壁平滑,箱两侧上、下有若干个直径1.5厘米左右的通气孔。

图7-9 果实单层叠放与包装规格

（2）包装方式（图7-10）

使用塑料篮等装载销售：一般1～2.5千克装，较简易，多用于批发、摊位零售和采摘等。

使用礼盒包装销售：一般礼盒内装3个塑料包装盒，包装盒内下垫泡沫，每盒0.5千克，根据规格不同装12颗、15颗或20颗草莓。

商超专用包装销售：一般使用塑料包装盒，每盒0.3～0.5千克。

快递专用包装销售：一般使用硬纸包装箱内装包装盒，包装盒内垫泡沫，每颗草莓分别套网袋。

（3）包装标识

包装上还应有标识，标识应能使消费者购买时易于辨认和识读，符合法律、法规和食品安全标准的规定。标识应真实、准确，不得以虚假、夸大等容易使人误解或欺骗性文字、图形等方式介绍产品。标识内容应按照规定标明产品的品名、产地、生产者、生产日期、采收期、产品质量等级和产品执行标准编号等内容（图7-11）。

七、采收及商品化处理

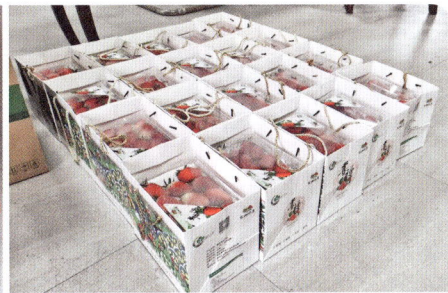

图7-10 不同形式的草莓包装

图7-11 包装标识

4. 预冷

草莓果实摘下后,应对已分级包装好后的果实及时进行预冷处理,使得果心温度降至3～5℃为宜。预冷期间,应打开箱盖和袋口,去除田间热,然后封箱冷藏,或装车运往销售点。预冷时,应采取分批次进果或配备专门预冷库,使果温迅速下降。预冷速度愈快,预冷愈彻底,袋内结露愈小,则储藏效果愈好。装车或入库储藏以午夜至清晨气温较低时段进行为佳,可防止果温回升。

(三) 果品运输

草莓果品应采用冷藏车运输,运输温度参数设定为2～4℃。运输工具应保持清洁、卫生和无污染状态。装卸时应轻装、轻放,快装、快运、快卸;货物卸下后放在阴凉通风的室内或冷库内,避免露天堆放。针对现在的互联网电子物流新模式,宜采取"预冷—冷链保鲜运输—防震包装"的联合方法来保持草莓的水分、新鲜度、硬度与感官品质,降低草莓在运输过程中的伤果率和腐烂率。防震包装宜采用双层充气袋,应添加适量凝胶冰袋维持包装箱内环境温度在2～4℃。

(四) 采后病害控制

由病原真菌侵染引起的果实腐烂是造成草莓采后损失的重要原因之一。草莓果实采后容易发生的真菌病害主要有由灰葡萄孢菌引起的草莓灰霉病、由炭疽菌属真菌引起的草莓炭疽病和由根霉菌属引起的草莓软腐病等。因此,探索高效、安全、操作方便且成本低的草莓采后病害防控技术,对延长草莓的货架期具有重要意义。采后病害的具体防控方法有以下几种。

1. 低温贮藏

温度是影响贮藏时间长短、控制草莓腐烂的重要因素。低温不但可降低贮藏期间果实的呼吸强度，延缓果实的软化和衰老速率，而且还可以抑制致病菌的生长和繁殖，从而减少发病率和果实腐烂率，达到延长贮藏期的目的。草莓果实采收后应及时进行强制通风冷却，使果温降低至0℃时，再进行冷藏，效果较好；另外，也可在0℃以下冰点以上较长时间贮藏草莓，可以有效地降低草莓的呼吸强度，抑制微生物生长，减弱蒸腾作用。此外，低温速冻是长时间贮藏草莓的有效方法，将草莓果实置于−40～−35℃下速冻，然后在−18℃低温冷库中贮存，可以达到长时间贮藏草莓的目的；但低温速冻贮藏草莓易使草莓产生再结晶的问题，影响商品品质，同时速冻的成本高，不适合草莓的大规模贮藏。

2. 辐照处理

食品辐照是利用原子能射线的辐射能量对食品进行杀菌、抑制发芽和延缓成熟等的加工处理方法和技术，以达到延长食品保藏期的目的。辐照的作用机制可能是紫外短波处理能抑制果实细胞降解酶活性，延缓果实的软化，增强抗氧化能力和抗氧化酶活性，从而达到提高草莓自身抗病性的目的。

3. 气体处理

气体熏蒸处理操作简单易行、成本低廉，是果实采后常用的防腐保鲜手段。目前用于控制草莓采后真菌病害的气体主要有臭氧、氧气、二氧化碳、一氧化二氮、一氧化氮和氯气等。臭氧在果蔬贮藏保鲜中除了具有杀灭或抑制微生物生长、防止腐烂的作用外，还可以氧化分解乙烯，具有延缓衰老的保鲜作用。

长期以来，我国生产的草莓多数就近销售或短期贮藏，容易造成"旺季烂、淡季断"的现象。随着我国草莓种植面积的迅猛增加，草莓贮藏保鲜的问题日益突出，重点需要从以下几个技术方面来解决草莓的贮藏保鲜问题。

一是有针对性地选育更多的抗病、耐贮运品种，从根本上解决草莓的腐烂变质问题。

二是将诱导果实抗病性和抑制果实病害的措施相结合，寻找适合草莓贮藏保鲜的生防制剂。

三是发展对果实表皮结构损伤较小的物理和化学熏蒸方法，更有利草莓病害控制和货架期延长，具有潜在的研究和应用价值。

四是深入研究草莓采后病害侵染的全过程及不同防治手段控制草莓病害的作用机制，将有利于开发适合草莓贮藏保鲜的新技术和新方法。

上海市果树全产业链生产技术：草莓

上海市果树全产业链生产技术

草莓

质量安全管理

（一）管理制度

我国自20世纪80年代起陆续制定并实施了《产品质量法》《食品卫生法》等一系列农产品质量安全监督管理有关的法律法规，后续还颁布实施了《农产品质量安全法》，奠定了我国农产品质量安全监督管理的法律基础。

1. 投入品管理制度

农业投入品是指在农产品生产过程中使用或添加的物质，包括种子、种苗、农药、肥料等农用生产资料产品，应按照产品标签规定正确使用。其中，农药使用时应注意施药剂量（或浓度）、施药次数和安全间隔期。不得使用禁限用农药。

投入品管理应实行专人管理、闭环管理，并建立进出库台账。

2. 质量可追溯制度

鼓励生产主体信息上网，如神农口袋等平台。采用现代信息技术手段采集、留存生产记录、购销记录等生产经营信息，实现全程可追溯。

3. 承诺达标合格证制度

生产主体应在严格执行现有的农产品质量安全控制要求的基础上，对所销售的产品开具承诺达标合格证，鼓励带证上市。

（二）风险管控关键点

草莓果品全产业链生产过程从质量安全的角度出发，需要对建园选址、品种选择、栽培管理、绿色农药、肥料投入品的选择进行标准化，以规避生产风险。全产业链标准化的生产是实现草莓果从果园到餐桌过程中确保安全的关键。上海草莓生产全过程风险管控关键点可参考相关标准（表8-1）。

表8-1　草莓全产业链生产风险管控关键点

序号	关键点	主要风险因子	参考标准
1	产地环境	空气污染、水污染	NY/T 391 绿色食品 产地环境质量
2	生产投入品	农药、重金属污染	GB/T 8321 农药合理使用准则 NY/T 393 绿色食品农药使用准则
3	施肥	化肥使用量、重金属污染	NY/T 394 绿色食品 肥料使用准则
4	包装储运	致病菌	GB/T 33129 新鲜水果、蔬菜包装和冷链运输通用操作规范 NY/T 1056 绿色食品 贮藏运输准则 NY/T 2787 草莓采收与贮运技术规范 NY/T 3026 鲜食浆果类水果采后预冷保鲜技术规程 NY/T 658 绿色食品 包装通用准则
		生物毒素	NY/T 1778 新鲜水果包装标识 通则 NY/T 658 绿色食品 包装通用准则

1. 产地环境风险管控

产地环境是绿色草莓果品生产的前提。草莓园在建园前应对预选园地的土壤重金属含量、灌溉水源、地下水位等指标进行调查及检测，剔除产地环境不符合国家标准规定的或水位极高的低洼地。

2. 生产风险管控

品种选择是绿色草莓果品生产的基础，品种选择除需要考虑草莓品种的感官品质（视觉、嗅觉、味觉和触觉）、营养品质、贮藏加工品质以外，还需考虑草莓果实的安全品质，包括草莓果实中的农药、重金属以及化学调节剂的残留限度。这些残留物的含量均根据GB 2763的规定控制在限度以下。

3. 生产投入品使用风险管控

草莓生产中严格禁止使用剧毒、高毒、高残留的农药，绿色草莓果品生产需根据NY/T 393的规定，并按在草莓上登记的药品种类、用量、次数及安全间隔期进行使用，优先推荐使用生物农药和矿物农药，禁止在天敌高峰期使用广谱性农药，防止破坏草莓园生态平衡。

草莓园所施用肥料应推荐使用农业行政主管部门登记或者免于登记的肥料。根据草莓营养水平提倡使用草莓专用商业有机肥以及水溶性肥等，适当合理施用化肥，具体施用标准需根据NY/T 394的规定。

（三）品质提升关键点

1. 品种选择

选择适宜的品种是保障成品草莓品质的首要条件。品种的选择对于草莓品质、产量具有巨大的影响，需结合种植地区的气候、土壤特性以及当地的果品需求特点而定。如我国南方地区因春季回温早，降水丰富，消费偏好喜鲜食，宜选择成熟早、品质佳、强抗病性的品种。

2. 合理负载

定植初期应及时摘除老叶、枯叶和病叶。现蕾期保留5~8片叶，结果期保留10~15片叶。在顶花序抽出后，只选留1~2个方位好而壮的腋芽，将其余腋芽萌发出的新茎分枝和匍匐茎全部摘除。花序上高级次的无效花果要尽早疏除，每个花序保留3~7个果。

3. 科学施肥

① 基肥

闷棚消毒时，每亩施有机肥1 000~2 000千克及氮磷钾复合肥20~30千克，氮磷钾的比例以15∶15∶15为宜。

② 追肥

抽生新叶后～坐果前，每亩滴施平衡型水溶肥3～5千克，2～3次，按≤0.4%浓度进行滴灌，结合喷药追施叶面肥2～3次。果实膨大期，用高钾型水溶性肥5～10千克，2～3次，按≤0.4%浓度进行滴灌，结合喷药追施叶面肥。在2月中旬，每亩滴施平衡型水溶肥3～5千克，1次，浓度≤0.4%。

4. 适时采收

根据果实成熟度、市场需求和采收标准确定采收期。成熟期不一致的品种应分期分批采收。应充分清洗采收工具和器具，去除污染物残留。草莓果实采收应选择温度相对较低的清晨或傍晚进行。采收时应戴洁净软质手套，避免手直接触碰果实。采摘时连同花萼自果柄处摘下，摘下后应轻拿轻放。

（四）农产品认证

最为常见的认证分为产品认证和体系认证，其中产品认证主要为绿色食品认证和有机食品认证，体系认证主要为中国良好农业规范（GAP）认证、ISO 14000体系认证和ISO 22000体系认证等。

1. 绿色食品认证

绿色食品认证是指产自优良生态环境、按照绿色食品标准生产、实行全程质量控制并获得绿色食品标志使用权的安全、优质食用农产品及相关产品（图8-1）。

图8-1　二品一标标识

绿色食品申报流程根据《绿色食品标志管理办法》，操作平台为金农工程网，由申请人注册并提交认证申请。申请流程详见附录1。

申请人申报需要提供《绿色食品标志使用申请书》（以下简称"申请书"）及产品调查表、质量控制规范、生产技术规程、基地来源证明材料、原料来源证明材料、基地图、带有绿色食品标志的预包装标签设计样张及中绿中心要求提供的其他材料。申报人可以进行申报的条件需满足基本条件12项，产品需满足基本条件7项。

2. GAP认证

GAP即良好农业规范，我国参照国际较有影响力的良好农业规范标准，结合中国农业国情起草的良好农业规范系列国家标准，其中可用于草莓GAP认证的相关良好农业规范系列国家标准有：《GB/T 20014.1 良好农业规范 第1部分 术语》《GB/T 20014.2 良好农业规范、第2部分 农场基础控制点与符合性规范》《GB/T 20014.3 良好农业规范、第3部分 作物基础控制点与符合性规范》和《GB/T 20014.5 良好农业规范、第5部分 水果和蔬菜控制点与符合性规范》。

展望

  通过数字赋能、科技加持,进一步推进草莓产业数字化转型升级,着力打造数字农业新模式,让种草莓早日实现机械化和智能化。在智慧化种植模式下,种植企业能通过手机实时监测草莓长势,掌握温度、湿度、虫害和光照等情况,实时获取大棚环境中的温湿度、土壤参数值和植物长势等信息数据,赋能草莓栽培模式和育苗方式的快速开发和更新换代。为提升草莓产业的数字化水平,企业可以通过建立草莓产业互联网平台,按照数字赋能草莓产业思路,利用物联网、大数据、区块链、人工智能等技术,建设"数字草莓"大数据中心、草莓园区智能管理、草莓品质品牌数字管理等数字化系统,构建草莓"产业布局、病虫害识别、肥水管控、农产品质量安全追溯、销售网络"的一张大图,实现草莓生产温、光、气、土、肥、药可视化和联动控制,打造草莓资源数字化、生产智能化、管理精准化、服务远程化和质量监管网络化的"五化"体系,形成可复制、可推广的数字农业应用场景模式。在高架栽培和"草莓天瀑"等先进生产模式下,利用无土栽培种植系统,配置智能水肥一体化装备,综合利用传感器、大数据、人工智能等手段,将采集到的数据传输到大数据中心,通过数据的建模分析,最后得到不同品种草莓生长过程的各个模型,给草莓种植户提供合理的建议和方案。另外,注重争取政府政策支撑三产融合发展用地,整合草莓、田园风光、特色餐饮和民俗展演等优势资源;实行"公司+基地+农户"经营方式,集中发展休闲农业、创意农业等草莓衍生特色产业;实现"美丽乡村+乡村旅游+产业发展+农村特色文化开发+农村电商+沟域经济+城乡统筹"融合发展,从而形成上海美丽乡村建设典范。

附录

1. 绿色食品申报流程

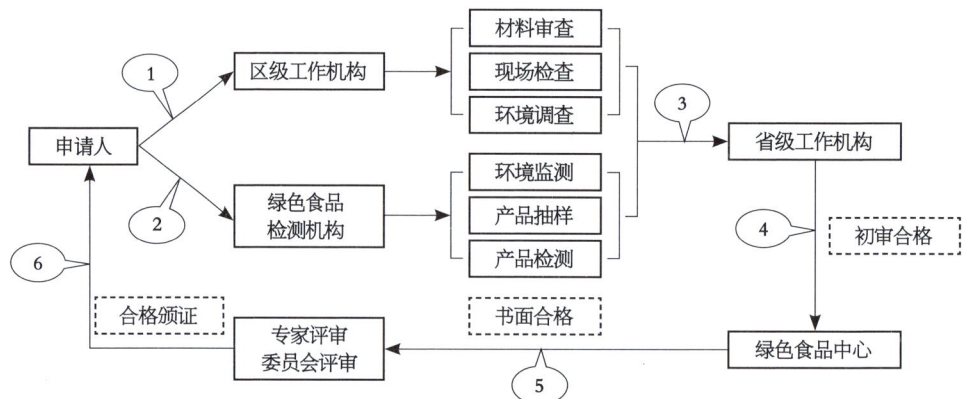

上海市绿色食品申报流程

2. 草莓常见病虫害周年绿色防控历

草莓常见病虫害周年绿色防控历

病害	病症表现	周年发生规律	农业、物理与生物防治	化学防治			
				农药名称	使用剂量	每季使用（次数）	安全间隔（天）
灰霉病		11月—次年2月	选用抗病品种。及时清除病叶和病果病株等	400克/升嘧霉胺悬浮剂	45～60毫升/亩	2	5
				80%克菌丹水分散粒剂	600～1000倍液	3	3
				2亿孢子/克木霉菌可湿性粉剂	100～300克/亩	3	/
				50%啶酰菌胺水分散粒剂	30～45克/亩	3	10
				38%唑醚·啶酰菌水分散粒剂	60～80克/亩	3	10
白粉病		1—5月，10—12月	控制棚内温湿度，通风透光。闭棚硫黄熏蒸2～3次	100亿芽孢/克枯草芽孢杆菌可湿性粉剂	300～600倍液	/	/
				50亿CFU/克解淀粉芽孢杆菌AT-332水分散粒剂	70～140克/亩	3	/
				43%氟菌·肟菌酯悬浮剂	15～30毫升/亩	2	5
				300克/升醚菌·啶酰菌悬浮剂	25～50毫升/亩	3	2
				10%苯醚甲环唑水分散粒剂	56～68克/亩	2	5
炭疽病		5—10月	选抗病品种和脱毒种苗。清除病株和沟粑水，雨后打药	25%嘧菌酯悬浮剂	40～50毫升/亩	3	5
				430克/升戊唑醇悬浮剂	10～16毫升/亩	2	5
				500克/升氟啶胺悬浮剂	25～35毫升/亩	3	7

续表

病害	病症表现	周年发生规律	农业、物理与生物防治	化学防治			
				农药名称	使用剂量	每季使用（次数）	安全间隔（天）
叶斑病		5—9月	及时清除病叶病株。雨后抢晴打药	250克/升吡唑醚菌酯乳油	24～40毫升/亩	3	5
蚜虫		2—5月，9—12月	清除杂草。悬挂20～30块黄板/亩；按250∶1放瓢虫	0.3%苦参碱水剂	200～260毫升/亩	1	/
红蜘蛛		2—5月，9—12月	防止高温干旱，释放智利小植绥螨10万只/亩防治	110克/升乙螨唑悬浮剂	3 500～5 000倍液	1	1
蓟马		3—5月，8—11月	及时清除园区杂草，悬挂20～30块蓝板/亩	43%联苯肼酯悬浮剂	20～30毫升/亩	1	3
				/	/	/	/
斜纹夜蛾		7—10月	利用杀虫灯诱杀，及时在大棚两侧悬拉防虫网	5%甲氨基阿维菌素苯甲酸盐水分散粒剂	3～4克/亩	2	7

3. 草莓生产中批准登记农药名录

杀菌剂52种

β-羽扇豆球蛋白多肽、苯甲·嘧菌酯、苯醚甲环唑、吡唑醚菌酯、啶酰·嘧菌酯、啶酰菌胺、多抗霉素、粉唑·嘧菌酯、粉唑醇、氟吡菌酰胺·嘧霉胺、氟啶胺、氟菌·肟菌酯、氟菌唑、氟唑菌酰羟胺·咯菌腈、咯菌腈·异菌脲、互生叶白千层提取物、甲基营养型芽孢杆菌9912、解淀粉芽孢杆菌AT-332、克菌丹、枯草芽孢杆菌、咪鲜胺、醚菌·啶酰菌、醚菌酯、嘧菌酯、嘧霉胺、嘧酯、噻唑锌、木霉菌、氰烯菌酯、氰烯菌酯·苯醚甲环唑、蛇床子素、四氟·肟菌酯、四氟·醚菌酯、四氟醚唑、戊菌唑、戊唑醇、乙嘧酚、抑霉·咯菌腈、唑醚·啶酰菌、唑醚·氟酰胺、井冈·多粘菌、腐霉利·咯菌腈、唑醚·锰锌、吡唑醚菌酯·戊菌唑、嘧环·咯菌腈、异丙噻菌胺、解淀粉芽孢杆菌QST713、乙嘧酚磺酸酯、二氰·吡唑酯、氨基寡糖素、d-柠檬烯、苦参碱、棉隆。

杀虫剂16种

甲氨基阿维菌素苯甲酸盐、吡虫啉、藜芦碱、联苯肼酯、硫酰氟、依维菌素、乙螨唑、丁氟螨酯、吡蚜·噻虫胺、啶虫·氟酰脲、阿维菌素、氟啶虫酰胺、藜芦根茎提取物、d-柠檬烯、苦参碱、棉隆。

除草剂1种

甜菜安·宁。

植物生长调节剂3种

苄氨·赤霉酸、24-表芸苔素内酯、噻苯隆。

4. 草莓生产中禁限用农药名录

禁用（46种）

六六六、滴滴涕、毒杀芬、二溴氯丙烷、杀虫脒、二溴乙烷、除草醚、艾氏剂、狄氏剂、汞制剂、砷类、铅类、敌枯双、氟乙酰胺、甘氟、毒鼠强、氟乙酸钠、毒鼠硅、甲胺磷、对硫磷、甲基对硫磷、久效磷、磷胺、苯线磷、地虫硫磷、甲基硫环磷、磷化钙、磷化镁、磷化锌、硫线磷、蝇毒磷、治螟磷、特丁硫磷、氯磺隆、胺苯磺隆、甲磺隆、福美胂、福美甲胂、三氯杀螨醇、林丹、硫丹、溴甲烷、氟虫胺、杀扑磷、百草枯、2，4-滴丁酯。

禁止在蔬菜、瓜果上使用（14种）

甲拌磷、甲基异柳磷、克百威、水胺硫磷、氧乐果、灭多威、涕灭威、灭线磷、内吸磷、硫环磷、氯唑磷、乙酰甲胺磷、丁硫克百威、乐果。

禁止在蔬菜上使用（2种）

毒死蜱、三唑磷。

禁止在所有农作物上使用（玉米等部分旱田种子包衣除外）（1种）

氟虫腈。

注：来源农业农村部农药管理司。

主要参考文献

［1］J.L.麦斯.草莓病虫害概论［M］.北京：中国农业出版社，2012.

［2］陈忠宪，姚环宇，张学明，等.草莓灰霉病的发生与防治措施［J］.吉林农业，2018（20）：68-69.

［3］邓明琴，雷家军.中国果树志，草莓卷［M］.北京：中国林业出版社，2005.

［4］冯琳，韩彩娥.大棚草莓高效栽培技术［J］.现代农业科技，2008（15）：62.

［5］高凡，郑然，郭家选，等.不同灌溉模式下草莓对水分胁迫的生理响应研究［J］.灌溉排水学报，2021，40（01）：1-6.

［6］郭聪，曹国华，王莹，等.疏花疏果对红颜草莓果实品质和产量的影响［J］.现代园艺，2021，44（02）：12-13.

［7］郭福停.大棚草莓高产栽培技术［J］.现代农业科技2022，16：67-70.

［8］郭立国，韩太利.优质草莓大棚高效种植技术［J］.农业科技通讯，2021（7）：318-320.

［9］黄振喜，梁淑霞，贾海慧，等.温室草莓基质栽培配套技术［J］.园艺与种苗，2022，42（05）：13-15.

［10］吉沐祥.草莓标准化生产实用新技术疑难解答［M］.北京：中国农业出版社，2011.

［11］蒋桂华，杨肖芳，林钗.草莓［M］.北京：中国农业科学技术出版社，2019.

［12］李依镁.蜜蜂对园艺生产的意义——以草莓为例［J］.蜜蜂杂志，2019，39（09）：16-19.

［13］刘涛，张园莉，陈明学.脱毒草莓温室快速育苗技术［J］.落叶果树，2022，54（3）：88-89.

［14］马温·普利茨，大卫·汉德林.草莓生产技术指南［M］.北京：中国农业出版社，2012.

［15］王全智，蔡善亚，刘叶.江苏地区红颜草莓露地繁苗技术［J］.北方园艺，2016（24）：209-210.

［16］王壮伟，赵密珍，吴伟民，等.疏花对设施栽培草莓宁玉品质与产量的影响［J］.园艺与种苗，2013（01）：51-53.

［17］武冲，姜莉莉，宗晓娟，等.中国草莓育种研究进展［J］.落叶果树，2022，54（2）：28-30.

［18］吴玉月，肖衡，徐鹏，等.草莓贮藏与运输保鲜技术研究现状和发展趋势［J］.农产品加工，2011（11）：130-133.

［19］徐超.苗期高温对草莓生长发育和果实品质的影响机理及模拟研究［D］.南京信息工程大学，2021.

［20］徐艺格，王丽娟.草莓品质育种研究进展［J］.北方园艺，2020（18）：152-157.

［21］肖建梅，陈权，张承妹.脱毒草莓种苗生产技术探讨［J］.上海农业科技，2014（2）：79-94.

［22］薛红丽.草莓采收和采后处理技术［J］.上海蔬菜，2021（03）：66-67.

［23］杨洁，范武波，李端奇，等.蜜蜂授粉与人工授粉对温室草莓生长动态及品质的影响［J］.西南农业学报，2017，30（11）：2557-2561.

［24］杨雪峰，王绎，随洋，等.设施草莓种苗基质繁育技术［J］.北方园艺，2018（13）：197-200.

［25］赵美芹.大棚草莓高效栽培技术［J］.现代农业科技，2014（11）：101-102.

［26］张运涛，雷家军，赵密珍.新中国果树科学研究70年——草莓［J］.果树学报，2019，36（10）：1441-1452.

［27］张贤辉，张华，刘明.不同肥料运筹对大棚草莓生长的影响［J］.园艺与种苗，2012（06）：105-106.

［28］张婷，李刚波，赵林.不同颜色地膜覆盖对草莓生长和果实品质的影响［J］.湖南农业科学，2020，（12）：14-16.

［29］郑毅.温度胁迫对草莓叶片光合作用的影响［D］.安徽农业大学，2005.

［30］朱虹.草莓果实采后病害及控制措施［J］.农村实用技术，2021（06）：70-71.